"一带一路"列国人物传系 总主编 ◎ 王丽

丝绸之路的开拓者——

汉代10人传

唐迪 徐帮学 ◎ 主编

华文出版社
中国出版集团公司

图书在版编目（CIP）数据

汉代10人传：丝绸之路的开拓者 / 唐迪，徐帮学主编. —— 北京：华文出版社，2017.5
（"一带一路"列国人物传系）
ISBN 978-7-5075-4689-7

Ⅰ. ①汉… Ⅱ. ①唐… ②徐… Ⅲ. ①历史人物-列传-中国-汉代 Ⅳ. ①K820.34

中国版本图书馆CIP数据核字（2017）第081040号

汉代10人传

主　　编：	唐　迪　徐帮学
责任编辑：	谭　笑　黄彩霞
出版发行：	华文出版社
社　　址：	北京市西城区广外大街305号8区2号楼
邮政编码：	100055
网　　址：	http://www.hwcbs.com.cn
投稿信箱：	784263235@qq.com
电　　话：	总编室 010-58336239　发行部 010-58336267/58336266
	责任编辑 010-58336237
经　　销：	新华书店
印　　刷：	三河市东方印刷有限公司
开　　本：	880×1230　1/32
印　　张：	9
字　　数：	146千字
版　　次：	2018年3月第1版
印　　次：	2018年3月第1次印刷
标准书号：	ISBN 978-7-5075-4689-7
定　　价：	38.00元

版权所有　侵权必究

《"一带一路"列国人物传系》编辑委员会

指导单位：
中国文学艺术界联合会
中国社会科学院国家全球战略智库

编委会：
总主编： 王　丽
副主编： 唐得阳　王灵桂
委　员：（按姓氏笔画排序）

丁冬	丁闻琦	丁超	于青	于福龙	马细谱	王丽
王灵桂	王建沂	王郦久	王春阳	王洪起	王宪举	王渊
文炜	邓伟	白明亮	冯玉芝	成功	朱可人	刘文
刘思彤	刘铨超	刘浙萍	安国君	孙钢宏	苏秦	杜荣友
李一鸣	李永全	李垂发	李绍先	李玲玲	李贵方	李润南
宋健	张宁	张敏	陈小明	邵诗洋	邵逸文	周由强
周戎	周国长	庞亚楠	郑跃文	胡圣文	姜林晨	高子华
唐岫敏	唐得阳	董鹏	韩同飞	景峰	谢路军	翟文婧
鞠思佳						

支持单位：
中国社会科学院俄罗斯东欧中亚研究所
北京融商一带一路法律与商事服务中心

法律顾问：
北京德恒律师事务所

总　序

群星闪耀"一带一路"

"2100多年前,中国汉代的张骞肩负和平友好使命,两次出使中亚,开启了中国同中亚各国友好交往的大门,开辟出一条横贯东西、连接欧亚的丝绸之路。"① 2013年9月7日,中国国家主席习近平在哈萨克斯坦纳扎尔巴耶夫大学发表演讲,以博古通今的睿智对大学生们娓娓道来丝绸之路古老而年轻的故事。

"我的家乡陕西,就位于古丝绸之路的起点。站在这里,回首历史,我仿佛听到了山间回荡的声声驼铃,看到了大漠飘飞的袅袅孤烟。这一切,让我感到十分亲切。哈萨克斯坦这片土地,是古丝绸之路经过的地方,曾经为沟通东西方文明,促进不同民族、不同文化相互交流和合作作出过重要贡献。

---

① 《习近平谈治国理政》,外文出版社,2014年10月第1版,第287页。

东西方使节、商队、游客、学者、工匠川流不息，沿途各国互通有无、互学互鉴，共同推动了人类文明进步。""不同种族、不同信仰、不同文化背景的国家完全可以共享和平、共同发展。这是古丝绸之路留给我们的宝贵启示"，"为了使我们欧亚各国经济联系更加紧密、相互合作更加深入、发展空间更加广阔，我们可以用创新的合作模式，共同建设'丝绸之路经济带'。"① 推己及人，高瞻远瞩，引领时代，习主席在阿斯塔纳②通过哈萨克斯坦人民，首次向世界发出了让古老的丝路精神再次焕发青春和光彩的时代宣言。

2013年10月3日，习主席在印度尼西亚国会发表了题为《共同建设二十一世纪"海上丝绸之路"》的演讲："东南亚地区自古以来就是'海上丝绸之路'的重要枢纽，中国愿同东盟国家加强海上合作，使用好中国政府设立的中国－东盟海上合作基金，发展好海洋合作伙伴关系，共同建设21世纪'海上丝绸之路'"，"发挥各自优势，实现多元共生、包容共进，共同造福于本地区人民和世界各国人民"。③这个倡议和9月7日的演讲异曲同工、遥相呼应、互为映衬，完整地提出了"丝绸之路经

---

① 《习近平谈治国理政》，外文出版社，2014年10月第1版，第287页。
② 哈萨克斯坦新首都名称。
③ 同①，第293–295页。

济带"和"21世纪海上丝绸之路"的宏伟构想。

从广袤的亚欧腹地哈萨克斯坦到风光旖旎的印度尼西亚，习主席提出的"丝绸之路经济带"和"21世纪海上丝绸之路"吸引了世界各国的目光。从2013年9月至2016年8月，习近平出访37个国家（亚洲18国、欧洲9国、非洲3国、拉美4国、大洋洲3国），对"一带一路"倡议的总体框架和基本内涵做了充分阐述。和平合作、开放包容、互鉴互学、互利共赢的丝路精神，共商、共建、共享的合作理念，驱散了"去全球化"的阴霾，为增长低迷的世界经济注入新的动能。各国纷纷将本国经济发展与中国政府制定的《推动共建丝绸之路经济带和21世纪海上丝绸之路的愿景与行动》规划相衔接。"一带一路"倡导的政策沟通、设施联通、贸易畅通、资金融通、民心相通等"五通"，正在以基础设施、经贸合作、产业投资、能源资源、金融支撑、人文交流、生态环保、海洋合作等为载体和依托，在全球掀起了投资兴业、互联互通、技术创新、产能合作的新势头。2016年中国牵头成立有57个成员国加入的亚洲基础设施投资银行（AIIB），2017年3月23日迎来13个新伙伴。孟加拉配电系统升级扩容项目、印尼全国棚户区改造项目、巴基斯坦国家高速公路项目和塔吉克斯坦杜尚别至乌兹别克斯坦道路改造项目已经获得亚投行金融支持，共商共建成为现实。

"一带一路"倡议得到国际社会的热烈响应。2016年11月17日，第71届联合国大会193个成员一致赞同，通过了第A/71/9号决议，欢迎"一带一路"倡议，敦促各国通过参与"一带一路"，呼吁国际社会为开展"一带一路"建设提供安全保障环境。2017年3月17日，联合国安理会全票赞成，一致通过第2344号决议，呼吁国际社会凝聚援助阿富汗共识，通过"一带一路"建设等加强区域经济合作，敦促各方为"一带一路"建设提供安全保障环境。

2017年1月，习近平主席在联合国日内瓦总部发表题为《共同构建人类命运共同体》的重要演讲，全面深入系统阐述人类命运共同体重大理念，在国际上引起热烈反响，受到各方普遍欢迎和高度评价。3月23日，联合国人权理事会第34次会议通过关于"经济、社会、文化权利"和"粮食权"两个决议，决议明确表示要通过"一带一路"建设"构建人类命运共同体"。这是人类命运共同体重大理念首次载入人权理事会决议，标志着这一理念成为国际人权话语体系的重要组成部分。

"一带一路"不是中国的独角戏，是与亚、欧、非洲及世界各国共同奏响的交响乐。中国恪守联合国宪章的宗旨和原则，坚持开放合作、和谐包容、政策沟通，培育政治互信，建立合作共识，协调发展战略、促进贸易便利化及多边合作体制机制。中国携手100多个国家和地区，依托国际大通道，以陆上沿线中心城市为支撑，以重点经贸产业园区为合作平台，共同打造新亚欧大陆桥、中蒙俄、中国－中亚－西亚、中巴、孟中印缅、中国－中南半岛等国际经济合作走廊进展顺利，中欧班列在贸易畅通上动力强劲，风景亮丽；以海上重点港口为节点，共同建设通畅安全高效的运输通道，实现陆海路径的紧密关联和合作，太平洋、印度洋、大西洋上巨轮往来频繁，不亦乐乎。亚太经合组织、亚欧会议、大湄公河次区域合作等有关决议或文件，都体现了"一带一路"建设内容。丝路基金、开发性金融、供应链金融汇聚全球财富，建设绿色、健康、智慧与和平的丝绸之路，增进各国民众福祉。

"一带一路"是人类历史上从未有过的恢弘蓝图，也是横跨亚非欧连接世界各国的暖心红线。"丝绸之路经济带"包括中国经中亚、俄罗斯至欧洲（波罗的海），中国经中亚、西亚至波斯湾、地中海，中国至东南亚、南亚、印度洋；"21世纪海上丝绸之路"包括从中国沿海港口过南海到印度洋再延伸至欧洲和到南太平洋。一路驼铃声声、舟楫相望，互通有无、友好交往。

在新的时代，在创新古老丝路精神的伟大进程中，习主席专门缅怀丝路开拓者，特意致敬古丝路精神奠基人："我们的祖先在大漠戈壁上'驰命走驿，不绝于时月'，在汪洋大海中'云帆高张，昼夜星驰'，走在了古代世界各民族友好交往的前列。甘英、郑和、伊本白·图泰是我们熟悉的中阿交流友好使者。丝绸之路把中国的造纸术、火药、印刷术、指南针经阿拉伯地区传播到欧洲，又把阿拉伯的天文、历法、医药介绍到中国，在文明交流互鉴史上写下了重要篇章。千百年来，丝绸之路承载的和平合作、开放包容、互学互鉴、互利共赢精神薪火相传。"①这种吃水不忘挖井人的情怀，再次展现了中华民族不忘历史、纪念先贤、展望未来的优秀文化基因，也为中国传记文学学会参加"一带一路"建设指明了方向和道路。

在古老的丝绸之路上，我们不曾相忘：张骞出使西域到过的哈萨克斯坦，山高水长的好邻居巴基斯坦，双头鹰下横跨欧亚之国俄罗斯，草原之国蒙古，喜马拉雅浮世天堂尼泊尔，菩提恒河保佑之国

---

① 习近平：《弘扬丝路精神，深化中阿合作》，2014年6月5日，习近平在中阿合作论坛第六届部长级会议开幕式上的讲话，《人民日报》6月6日第1版。

印度，文化瑰宝伊朗，首创法典之国伊拉克，红海门户之国也门，石油王国沙特阿拉伯，波斯湾明珠巴林，雪松之国黎巴嫩，海湾之秀科威特，沙漠之巅阿联酋，半岛明珠之国卡塔尔，波斯湾霍尔木兹海峡守门人阿曼，万湖之国白俄罗斯，欧亚十字路口土耳其，流着奶和蜜之地以色列，欧洲粮仓乌克兰，亚平宁半岛上的文化巅峰意大利，阿尔卑斯之巅的瑞士，玫瑰之国保加利亚，与灵魂对话的思辨之国德意志，欧洲文化殿堂法兰西，欧洲客厅比利时，郁金香之国荷兰，热情如火的西班牙，还有正在脱欧的绅士国度英国，北非金字塔之国埃及，非洲屋脊奉马蹄莲为国花的埃塞俄比亚，香草大岛之国马达加斯加，等等。

沿着海上丝绸之路，我们会领略丛林花园之国马来西亚，花园国度新加坡，千岛之国菲律宾，赤道翡翠之国印度尼西亚；沿澜沧江一路南下，我们不曾相忘澜湄泽润之国越南，千佛之国泰国，高棉的微笑之国柬埔寨，万象之都老挝，印度洋上明珠之国斯里兰卡，印度洋上的明星和钥匙毛里求斯，堆金积玉之国文莱，追求自由之国东帝汶，印度洋世外桃源马尔代夫，骑在羊背上的国家澳大利亚，上帝的后花园新西兰，等等。

"一带一路"沿线国家里，那些千百年来影响了人类与国家、民族命运并与中国曾经有过交往的古今人物，至今还能在教科书、影视剧里看到他们，还能感受到他们在一代一代年轻人身上所生发的影响和魅力。

当然，对于中国人来说，更为熟悉的是丝绸之路的开拓者。曾记否？丝绸之路开拓者中，有汉武帝和他的使节们，有首开大唐盛世的唐太宗及其无数臣民，有再续睦邻通商航海路的宋祖朝廷和无数先贤，还有金戈铁马风漫卷的元代人物，一统江山万里帆的明代人物，环球凉热自清浊的清代人物，东西碰撞溅火花的近代人物，还有经受风雨变迁、勇立海国之志的现代人物，更有丝路明珠敦煌莫高窟的守护者，卫国助邻的将军和通司中外的外交家们。当然，数风流人物，还看今朝，我们不能不浓墨重彩地讴歌那些智通商海，投身到新丝路建设中的当代人物。

耕云播雨，香火延续，智慧传承，历史再续！2100多年的友好交往历史从未隔断，惠及三大洲的中西交通从未停歇，21世纪的"中国梦"和"世界梦"汇成了人类命运共同体的时代和弦，响彻在"一带一路"辽阔的长空。也正因如此，2017年5月，北京喜迎来自"一带一路"相关国家的元首、政府首脑、前政要、知名企业家和专家学者等各界代表，以及国际组织的负责人等千名领袖,出席"'一带一路'国际合作高峰论坛"。"千人盛会"共襄"团结互信、平等互利、包容互鉴、合作共赢"①之盛举,共商"沿线各国共同把蛋糕做大,一起分蛋糕"之合作共赢大计。这是中华民族和世界历史上都应该铭记的大日子。

以人物传记写作为己任的中国传记文学学会,在"一带一路"倡议实施中,肩负"讲好一带一路民心相通好故事"的使命和责任,这也是国家赋予我们的根本职责和任务。在中国文学艺术界联合会的领导下,在中国社会科学院国家全球战略智库指导下,中国传记文学学会以赤诚的家国情怀、强烈的时代精神、为人传记的责任担当,在认真调研、周密谋划、精心组织基础上,毅然决定倾注全力组织编写出版《"一带一路"列国人物传系》。此煌煌百卷传系讲述近千名各国人物故事,集数百位专家、作家尽心挥毫,去冬今春,夜以继日……幸得中国出版集团公司华文出版社出版发行。于是,各位读者得以读到手中的这套活泼而不失厚重、有趣而不失学养的列国人物合传书卷。

孔子曰:"仁者,人也。"让各国的先贤智者的

---

① 习近平:《弘扬人民友谊 共创美好未来》,2013年9月7日,习近平主席在哈萨克斯坦纳扎尔巴耶夫大学的演讲。

思想光辉，照亮我们探索人类未来的道路。

传记明志，落笔为文，是为总序。

中国传记文学学会会长

《"一带一路"列国人物传系》编委会总主编

王丽 博士

2018年3月8日

General Editor's Preface

The Belt and the Road Initiative was all conceived in 2013. On September 7, 2013, Chinese President Xi Jinping officially mentioned the blueprint in a speech at Nazarbayev University during his visit to Kazakhstan for the first time :

Over 2100 years ago, imperial envoy Zhang Qian from the Han Dynasty visited Central Asia twice to open the door to friendly contacts between China and Central Asian countries as well as the transcontinental Silk Road linking East and West, Asia and Europe.

My home province Shaanxi is right at the starting point of the ancient Silk Roads. Today, as I stand here and look back into history, I could almost hear the camel bells ringing in the mountains and see the wisps of smoke rising from the desert. All this makes me feel dear. Sitting on the ancient Silk Road, Kazakhstan has made important contributions to the exchanges and cooperation between different nationalities and cultures. This land has witnessed a steady stream of envoys, caravans, travellers, scholars and artisans travelling between the East and the West. The exchanges and mutual learning thus made possible have contributed to the progress of the human civilization.

... Countries with differences in race, belief and cultural background can absolutely share peace and development. This is the valuable inspiration we have drawn from the ancient Silk Roads.

... in order to make the economic ties closer, mutual cooperation deeper and space of development broader between the Eurasian countries, we can innovate the mode of cooperation and jointly build the "Silk Road Economic Belt".

On Oct. 3, 2013, President Xi touched upon the theme again in his address at the Indonesia Parliament with the topic "Jointly Building the Twenty-First Century

Maritime Silk Road":

Southeast Asia has since ancient times been an important hub along the ancient Maritime Silk Road. China will strengthen maritime cooperation with ASEAN countries to make good use of the China-ASEAN Maritime Cooperation Fund set up by the Chinese government and vigorously develop maritime partnership in a joint effort to build the Maritime Silk Road of the 21st century. China is ready to expand its practical cooperation with ASEAN countries across the board, supplying each other's needs and complementing each other's strengths, with a view to jointly seizing opportunities and meeting challenges for the benefit of common development and prosperity.

The two talks framed the entire picture of China's concept "Silk Road Economic Belt" and "the Twenty-First Century Maritime Silk Road", which is shorted as "The Belt and the Road" Initiative. Since then President Xi visited 37 countries (18 in Asia, 9 in Europe, 3 in Africa, 4 in Latin America and 3 in Oceania) between September, 2013 and August, 2016 , giving a full exposition of the Belt and Road Initiative, from its overall structure to its various details. The milieu of peaceful and all-win cooperation, financial integration, trade liberalization, and people-to-people connectivity dispels the haze of "anti-globalization" and generate new power to the stagnant world economy.

The Belt and Road Initiative has been responded with global enthusiasm. On Nov.17, 2016, 193 members of the 71st Session of the United Nations General Assembly unanimously passed the Resolution No. A/71/9, welcoming the Belt and Road Initiative, urging its member countries to participate in the initiative, and calling upon the international community to provide a safe environment for the implementation of the action plan.

The Belt and Road Initiative is not a solo of China, but an orchestra by countries from Asia, Europe, Africa and the rest of the world. By observing the Charter of the United Nations, China sticks to the openness and cooperation, harmony and inclusiveness as well as communication of policies, fosters political mutual trust, establishes the strategy of cooperation and concerted development, promote the mechanism of trade facilitation and multilateral cooperation system. China has worked with over 100 countries and regions to jointly build a new Eurasian Land Bridge and develop China-Mongolia-Russia, China-Central Asia-West Asia, China-Pakistan, Bangladesh-China-India-Burma, and China-Indochina Peninsula economic corridors by taking advantage of international transport routes, relying on core cities along the Belt and Road Economic Belt and using key economic industrial parks as cooperation platforms. China Railway Express has greatly facilitated the trade between China and Europe, and has become a beautiful landscape. At sea, the Initiative will focus on jointly building smooth, secured and efficient transport routes connecting major sea ports along the Belt and Road, so as to achieve a closer connection and cooperation between land and sea routs. The Pacific Ocean, Indian Ocean and the Atlantic Ocean are busy with giant ships navigating across them. Related documents and resolutions by Asia-Pacific Economic Cooperation (APEC), Asia-Europe Meeting (ASEM), Asia Cooperation Dialogue (ACD) and Greater Mekong Subregion (GMS) Economic Cooperation have included the content of the Belt and Road Initiative.

  We shall never forget those countries along the ancient Silk Roads: Kazakhstan where Han Dynasty's imperial envoy Zhang Qian passed by; Pakistan famous for its Badshahi Mosque and Derawar Fort; Russia noted by the sign of double headed eagle; the prairie country Mongolia; Nepal, the paradise on the Himalayas; India blessed by the Ganges River; Iran, the country full of cultural treasures; Iraq, the country with the famous *Code of Hammurabi*; Yemen, the gate of the Red Sea; Saudi Arabia, the kingdom of petroleum; Bahrain, the pearl of the Persian Gulf; Lebanon, a country of cedars; Kuwait, a rising star of the Persian Gulf; United Arab Emirates, a diamond on the desert; Qatar, a gem on the Arabian Peninsula; Oman, the gatekeeper of Hormuz Strait; Byelorussia, a country with myriad lakes; Turkey, a transcontinental country in Eurasia; Israel, a country full of milk and honeys; Ukraine, the world's largest grain exporter; Italy, the great cultural country on Apennine Peninsula; Switzerland that sits on top of Alps; Germany which is renowned for great thinkers; France that is graceful for European art; Belgium which is seen as the Living room of Europe; the Netherlands that is celebrated as a garden of tulips; Spain, a country full of passion; Great Britain whose uniqueness makes it busy with breaking with EU; Egypt, distinguished for its pyramids; Ethiopia whose floral emblem is the calla; and Madagascar, the big island country where vanillas grow, etc.

The Maritime Silk Road links Malaysia, a country of forests and gardens; Singapore, the flowery country; the Philippines, the country of myriads of islands; and Indonesia notable for the emeralds and its equator position. Along the Lantsang River down to the south, we will pass the river-lake-rich country Vietnam; Thailand where there are many Buddhas; Cambodia with smiling Khmer people; Laos, the country with a great many elephants; Sri Lanka, the bright pearl in the India Ocean; Mauritius, the shining star and a key in the Indian Ocean; Brunei, a country with great wealth; the freedom-pursuing country East Timor; Maldives, a Shangri-La in the India Ocean; Australia that is familiar with sheep; New Zealand, the back garden of God; and etc.

In the countries along the Belt and Road, those who have influenced the destinies of human beings, made history in the countries, and nations, and ever had contacts with China, can still be found in today's textbooks, films and TV shows. Wc can still feel their influence and charm on generations of young people.

Of course the Chinese people are more familiar with those pioneers of the Silk Roads. Yet, those who devote themselves to the building of the new Silk Roads are also unforgettable. For all this, in May, 2017, to "the International Summit on the Belt and Road", Beijing is to welcome thousands of guests from around the world, including presidents and prime ministers, present and former politicians, well-known entrepreneurs, experts and scholars, and representatives from all walks of life related to the Belt and Road. They gather together to this grand event under the principles of Solidarity and Mutual Trust, Equality and Mutual Benefit, Inclusiveness and Mutual Learning, and Win-Win Cooperation. They will discuss details of operation about how to make the "pie" bigger with the countries along the Belt and Road and share the benefits arising thereof. It will be a big day to be remembered by the Chinese people and even in the history of the world.

The Biography Society of China, whose mission is to promote biography writing, shoulders the task and responsibility to tell the stories of exchanges among peoples during the implementation of the Belt and Road Initiative. This is also the basic duty and task assigned by our nation. Therefore, through a careful investigation and passionate planning, the Biography Society of China made a huge decision: to start a large book project: a book series *Lives Along the Belt and Road*. The project was led and supported by China Federation of Literary and Art Circles and secured guidance from National Institute of International Strategy in Chinese Academy of Social Sciences. With sincere patriotic sentiment, strong Zeitgeist, and the steadfast determination. From the winter to the spring, hundreds of writers worked on thousands of lives in one hundred volumes, day and night. Here the series are with you.

Confucius said, "Humanity is of humans." Let the lights of those great minds and lives illuminate our future path of exploration.

Comments, criticism and suggestions are all appreciated.

Dr. Wang Li
Chairwoman:
The Biography Society of China
General Editor:
Remarkable Lives Along the Silk Roads
March 8, 2018

目 录

引 言 ··· 1
  1. 两汉时期的社会经济发展状况 ······················· 5
  2. 两汉时期政治制度与思想的统一 ··················· 8
  3. 丝绸之路的开辟与发展 ································ 10

文景之治的开拓者——汉文帝 ······················· 21
  1. 顺应形势继承皇位 ······································ 22
  2. 轻刑罚，守法制 ··· 24
  3. 改革发展，壮大国力 ·································· 27
  4. 对外友好，睦邻四方 ·································· 28
  延伸阅读 ·· 30
    汉代的海运航线和海外贸易 ························· 30

西汉盛世丝绸之路的开创者——汉武帝 ············ 36
  1. 展锋芒，继承大统 ······································ 38
  2. 选拔人才，解决积患 ·································· 40
  3. 罢黜百家，独尊儒术 ·································· 42

4. 加强国家中央集权 ·············· 44
5. 反击匈奴凿通西域 ·············· 45
6. 平周边，发布罪己诏 ············ 50
延伸阅读 ······················· 54
　　秦汉时期交通文明的发展 ········ 54

西汉少年外交英才——终军 ············ 65
1. 大丈夫志在四方 ················ 66
2. 说降匈奴 ···················· 68
3. 请缨南越 ···················· 69
4. 以身报国影响深远 ·············· 71
延伸阅读 ······················· 72
　　汉代文明与中外文化交流 ········ 72

凿通西域，开眼看世界第一人——张骞 ···· 80
1. 复杂的汉匈关系 ················ 82
2. 艰苦的西行 ··················· 83
3. 得大宛王协助 ················· 86
4. "凿空"西域第一人 ·············· 87
5. 开创丝路新纪元 ················ 88
延伸阅读 ······················· 91
　　汉代丝绸之路与中外贸易通道 ···· 91

北击匈奴的中国战神——李广 · 97
    1. 骁勇善射 · 98
    2. 终不得封 · 100
    3. 出征失道 · 101
    延伸阅读 · 102
        有趣的汉代都市交通及其管理 · 102

持节不屈的西汉功臣——苏武 · 112
    1. 奉诏出使 · 113
    2. 被扣匈奴 · 119
    3. 词羞李陵 · 124
    4. 重返故国 · 127
    5. 精神激励后人 · 132
    延伸阅读 · 134
        唐蒙入使夜郎国的故事 · 134

东汉著名政治家和军事家——班超 · 141
    1. 立志报国 · 142
    2. 牛刀小试 · 147
    3. 威震西域 · 155
    4. 万里封侯 · 171
    5. 彪炳史册 · 180
    延伸阅读 · 187

解忧公主与女外交家冯嫽 ·················· 187
"明习外国事，勤劳数有功"的外交家常惠 ······ 193
秦汉时期中外文化艺术的交流 ················ 196

中国到波斯湾第一人——甘英·················· 207
1. 出使大秦 ······························ 208
2. 半途而废 ······························ 209
3. 继往开来 ······························ 211
延伸阅读 ·································· 213
汉代华侨与东南亚华侨群体的形成 ·········· 213

丝路上的和平使者——王昭君·················· 217
1. 主动请求出塞 ·························· 218
2. 前往匈奴 ······························ 220
3. 草原和平使者 ·························· 222
延伸阅读 ·································· 224
汉代与东南亚各国的交流 ·················· 224
汉代与日本列岛的交往 ···················· 227

远嫁匈奴的乱世才女——蔡文姬·················· 230
1. 一生三嫁 ······························ 231
2. 文姬归汉 ······························ 235
3. 影响深远 ······························ 242

延伸阅读 ··· 244
  汉朝廷与中亚、西亚诸国的交往 ·················· 244
  汉代与朝鲜半岛的交往 ······························ 249

后 记 ··· 253

Contents

Introduction / 1

Emperor Wen, The Initiators of the Rule of Wen and Jing / 21

Emperor Wu, Inaugurator of the Silk Road / 36

Zhong Jun, a Young Talented Diplomat of the Han Dynasty / 65

Zhang Qian, the First Official Envoy to the Western Regions / 80

Li Guang, a Heroic Warrior Against the Xiongnu in the North / 97

Su Wu, an Indomitable Ambassador of the (West) Han Dynasty / 112

Ban Chao, a Great Statesman and Strategist of the Han Dynasty / 141

Gan Ying, the First Chinese to Reach the Persian Gulf / 207

Wang Zhaojun, the Peace Maker as Wife of a Xiongnu Chief / 217

Cai Wenji, a Talent but Captured to Be Wife of the Xiongnu Chief / 230

Afterword / 253

引 言

在今天的陕西汉中市博望镇,有一个占地24亩的张骞纪念馆,其陈列面积达7130平方米。它是在张骞墓区的基础上建成。早在1956年它就被陕西省人民政府公布为首批省级重点文物保护单位。2006年5月,张骞纪念馆的主体文物"张骞墓"被国务院公布为第六批全国重点文物保护单位。2014年6月,中国及哈萨克斯坦等中亚5国联合申报"丝绸之路:长安—天山廊道的路网"为世界文化遗产,联合国教科文组织将张骞墓确定列入《世界遗产名录》。

汉中博望镇正是2100多年前中国汉代杰出的外交家、旅行家和探险家张骞（前164—前114）的故里，博望镇也是当年张骞因军功曾被汉武帝封授"博望侯"而得名。汉武帝建元三年（前138）和元狩四年（前119），张骞接受汉武帝的诏命，持节两次出使西域。第一次出使，他给汉朝廷带回了"诸大国""多奇物""通大道"的珍贵信息，使得汉武帝有了"四道而出"，向西域发展的方针。第二次出使，他率领庞大的使团，携带丝绸、铁器等礼品和商品，以及铸铁、开渠、凿井等技术去往西域，又从西域带回葡萄、核桃、苜蓿、地毯、良马等异国土产珍宝，与西域各国开启了平等友好交往的大门，迎来了汉朝廷与西域各国外交和经贸文化往来的高潮，促进了汉朝与西域各国的友好交往和彼此国家的社会经济发展（参见《汉书·西域传》）。

张骞出使西域，沟通了中国同西亚和欧洲的通商联系，中国的蚕丝和丝织品从长安（今西安）往西，经河西走廊（今甘肃境内）到达安息（今伊朗高原和两河流域），再转往西亚和欧洲的大秦（汉朝时中国史书对罗马帝国的称谓），开拓了历史上著名的"丝绸之路"。以后每年汉朝廷有十多个使团被派往西域，每个使团人数至少100多人，多时达数百人。汉武帝元封六年（前105），汉朝使者沿着张骞的足迹来到安息，拜见了国王，在国王面前展示了华美晶亮的汉代丝绸织品，国王惊喜不已，即以鸵鸟和一个魔术表演团回

张骞纪念馆

赠汉武帝,标志着连接东西方的丝绸之路的正式建立。

张骞出使西域,成为中国历史上第一位走出国门的外交活动家,是沟通中西方政治、经济、文化交流的伟大使者。他是一座属于中国,也属于世界的丰碑。当我们的国家站在新的时代高点上,心中激荡着一带一路的21世纪战略蓝图,致力于建设一个合作共赢的新世界,回首历史,从古丝绸之路的起点出发,我们仿佛听到山间古道上回荡的声声驼铃,看到大漠苍穹里飘飞的袅袅炊烟。让我们走近张骞,走进他的时代,从这里去认知丝绸之路的源远流长,去汲取两千多年来中华民族传承不息的丝路精神。

要探寻丝绸之路的源头,历史终将定格在我国2100多年前个最重要的时代——汉代。自秦汉王朝建立后，随着国家的统一，经济的发展，西通西域，南入南海，东连东海，中国朝廷与周边国家和地区建立起日益频繁的交往与联系，中外关系进入到初步发展时期。这一时期，随着秦始皇开拓海疆和汉代丝绸之路的海陆齐开，汉代的外交事业冲出亚洲，走向世界，取得了举世瞩目的成就。后来的魏晋南北朝时期虽然经历了长期的封建割据及连绵不断的战争，但从秦汉以来的各民族经济、文化交往的增多，最终实现了中国历史上影响深远的民族大融合。

秦汉以前的春秋战国时期，中国是由数十个分裂的诸侯国割据着。即使在春秋以前的夏、商、周时代，王畿的范围也是有限的。自公元前221年秦王朝建立后，在中国辽阔的土地上第一次出现了一个统一的、中央集权的封建国家。统一的秦王朝出现，是长期以来经济文化发展的结果，也是符合广大人民需要的。因此，在统一前的相当长时间内，中国境内各地区不同的文明已经开始加速交流和融合，为统一创造了条件。而在秦王朝建立以后，统一的国家则进一步促进了文明的统一。

统一中国后，秦始皇深感过去的国家组织机构已不能适应新形势的需要，于是采取一系列措施，调整、完善和加强中央集权统治。我国贯穿数千年的封建专制主义制度的基本特点，也形成于这一时期。秦始皇在政治上高度集权，地方实行郡县制，有力地实现了国家统一，在国家管理上统一文字，统一度量衡，统一车轨，这更有利于社会的经济文化交往。到了汉代，汉王朝的统治者们在政治上沿袭秦的官僚体制，在民生上采取了一系列的休养生息政策，这才有了汉初的"文景盛世"，实现了汉初封建经济的大发展。

汉代（前202—220），有西汉、东汉之分，是历史上继秦朝之后建立的强盛的大一统帝国。汉朝时期，国家实现统一，封建经济发展迅速，中外文化交流愈加频繁，所以汉朝时期的中国古代文明才有了大幅度的发展。这种大发展既是对先秦文明成就的总结和升华，又为此后两千多年封建文明的发展奠定了基础。

1. 两汉时期的社会经济发展状况

汉高祖刘邦经过多年战争，于公元前202年建立汉帝国。初期，汉朝在战争的摧残下经济萎靡，国力衰弱，统治者为了巩固政权，采取"轻徭薄赋，与民休息"的政策，经过一段时间的休养生息，从高祖、惠帝到"文景之治"，国家经济慢慢恢复，社会发展日益繁荣，农业、手工业、纺织业、冶铁制造业水平空前提高。汉代经济的发展为丝绸之路的开启提供了基

刘邦像

础与前提条件。

深受中外人民喜爱的丝绸的生产，在汉代时已高度发达，丝织工场规模庞大，如临淄的官营作坊"作工各数千人，一岁费钱巨万"。京师长安的东西织室，所需费用更高达数千万之多。民间也是"环庐树桑""女修蚕织"，因而丝织品产量大为丰富。前代"庶人耋老而后衣丝"的礼制被彻底打破，出现了"常民而被后妃之服"，一些富人家甚至使"犬马衣文绣"。丝织工具进一步改进，技术更加高超。比如，河北巨鹿人陈宝光之妻发明了120综和120镊的提花织机，能织造各种各样的花纹。出土文物为这一时期的丝织业的发展水平提供了更为有力的佐证。1972年，长沙马王堆一号汉墓曾发掘出土了大量汉代的丝织品，其种类众多，有平纹的绢、纱，提花的素色绮和罗，以及彩色的提花织锦。这些丝织品织造工艺之精湛令人叹为观止，如其中的纱，薄如蝉翼，丝的抢度每米达

2500～3000回，已接近今天电机拈丝每米3500回的水平。而锦是所有丝织品中最高级的，特别是其中的起毛锦（又称起绒锦、绒圈锦），色彩图案最为精美，工艺也极其复杂。据研究，这种锦"是三枚经线提花并起绒圈的经四重组织。……花型层次分明，绒圈大小交替，纹样具立体效果，因而外观甚为华丽"。此外，丝织品的染色及印花技术也十分惊人。出土的丝织品色泽亮丽，颜色繁多，大体上有20余种，且各种颜色都浸染得很深透，色调配合均匀。

漆器制造业起源于春秋末年，到了汉代，漆器制作工艺变得更加精细，种类更加多样化，成为汉代人们最爱的日常用品，上层社会的装饰品中也有漆器，只不过比普通人家的更高级。长沙马王堆一号汉墓中就出土了148件漆器，许多专家认为，这些漆器纹饰细致、流畅。花纹除平涂外，大量使用线条勾勒。在色彩使用上，也达到了很高的水平。

冶铁业是在春秋战国时期出现的，在汉代又得到进一步发展：汉代发明了水力鼓风机；汉代的冶铁高炉体积大大增加；为了提高铁的质量，汉代人们已经知道在炼铁时用石灰石做熔剂；他们发明的球墨铸铁法一直沿用到近代；还发明了由铸铁脱炭的百炼钢。

2.两汉时期政治制度与思想的统一

自公元前221年秦王朝建立后,在"东至海暨朝鲜,西至临洮、羌中,南至北向户,北据河为塞、并阴山至辽东"(《史记·秦始皇本纪》)的辽阔的土地上第一次出现了一个统一的、专制主义中央集权的封建国家。春秋战国诸侯割据局面结束以后,一个大一统的秦王朝的出现,是长期以来经济文化发展的结果,也符合广大人民的愿望。在统一前的相当长时间内,中国境内各地区不同的文明长期碰撞,已经开始加速交流和融合,为秦朝的大统一创造了条件。

可以说秦汉时期形成的中华民族文明的特点之一,就是多样化的统一。在春秋战国时期,各种思想学术流派的成就,与同

秦始皇像

期古希腊文明相辉映。以孔子、老子、墨子为代表的三大哲学体系,形成诸子百家争鸣的繁荣局面。统一中国后,秦始皇深感过去的国家组织机构已不能适应新形势的需要,于是采取一系列措施,调整、完善和加强中央集权统治。贯穿数千年的封建专制主义制度的基本特点,也形成于秦汉时期。

到两汉时期,没有了战国时期百家争鸣的活跃局面,国家政治制度与思想高度统一,"罢黜百家,独尊儒术",登上了历史大舞台,这里我们不得不说一下董仲舒。董仲舒(约前179—前104),在汉武帝即位后,"举贤良文学之士",他三次参加对策,详细阐述了天人感应、君权神授理论,并提出"罢黜百家,独尊儒术"的建议,得到汉武帝的赏识,被派到江都王那里当了6年国相。建元六年(前135),他借高陵长园失火和辽东高庙失火推演灾异,下狱当死,后赦免罢官家居,教了10年《公羊春秋》。元朔四年(前125),经公孙弘推荐,担任胶西王的国相,于元狩二年(前121)以老病为由辞职回家,从此结束仕禄生活,"以修学著书为事"。但仍然受到汉武帝的尊崇,"朝廷如有大议,使使者及廷尉张汤,就其家而问之"。后来张汤把询问他的部分材料,整理为《春秋决狱》一书。据《汉书·董仲舒传》记载,他有著作123种,但流传下来的只有《春秋繁露》一书。

董仲舒像

董仲舒是汉代新儒学的创始人,他建立的新儒学的主要内容就是天人感应的神学目的论、君权神授说和专制主义大一统的政论,以及性三品说和三纲五常的道德观。

董仲舒的"罢黜百家,独尊儒术"的文教政策,是中国历史上划时代的历史事件。这一政策几乎为以后各代统治者所遵奉,长达两千年之久,对我国文化教育事业的发展和各民族共同心理素质的形成,产生了深刻影响。

3.丝绸之路的开辟与发展

汉帝国是当时世界上最强大的国家,疆域辽阔,人口众多,汉文化为中华民族两千年的社会发展奠定了基础,为中华文明的延续和挺立千秋做出了巨大贡献。华夏族因此逐渐被称为"汉族"。

秦始皇统一文字，汉武帝大兴儒学、积极发展对外交往，都进一步促进了中国文化的发展。西汉时期最大的外患就是匈奴，汉代涌现出不少抗击匈奴的名将，如卫青、霍去病等。历经武帝、昭帝、宣帝三代皇帝，花费数十年的时间，匈奴才最终被平息。后来汉朝又出兵吞灭南越国，征讨朝鲜，最终成长为东亚霸主。在对外关系上，张骞两次出使西域，开辟了著名的丝绸之路，而且为了加强与西域的睦邻友好关系，刘细君、刘解忧两位公主都被送去西域大国乌孙进行和亲，有力地保障了西部边境的安宁，促进了与西域地区人民的友好往来和经贸发展。

最早的"丝绸之路"是指起始于中国汉代，连接亚洲、非洲和欧洲的古代陆上商业贸易路线。丝绸之路是东自我国西汉的长安（今西安），横贯亚洲大陆，西达地中海东岸的一条商路，全长7000多公里。

丝绸之路分为"陆上丝绸之路"和"海上丝绸之路"两条路线。两条丝绸之路都是中国与外国进行贸易沟通和文化交流的重要通道，只是一个是陆路通道，一个是海上通道。"陆上丝绸之路"起源于公元前2世纪与公元1世纪间，一直被沿用到16世纪之后；"海上丝绸之路"起源于秦汉时期，三国到隋朝期间，一直在慢慢发展，直到唐宋时期开始繁荣，明清时期已经转型了,这条航线是已知的世界上最古老的海上航线,因为它是以南海为中心,所以又称南海丝绸之路。可见,丝绸之路是人类历史上一条沟通东方与西方之间,进行经济、政治、文化交流的主要通道。

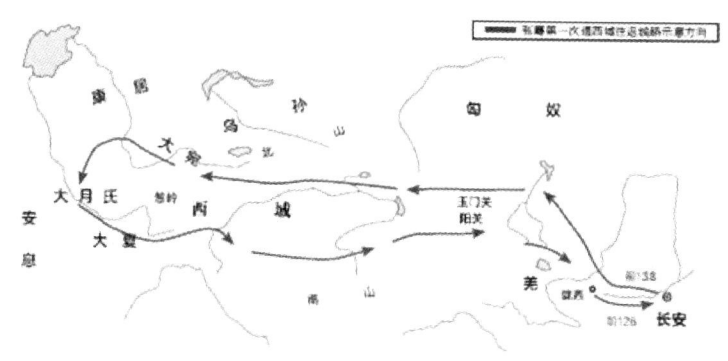

张骞第一次出使西域示意图

关于西域的地理概念,各种文献表述不一,研究专家认为,汉朝所说的"西域",不是一个很明确的地理概念。这在后人理解西域时发生了一些误会。综合各种场合下出现的"西域"一词,有三方面的含义:

今新疆全境和中亚巴尔喀什湖以南吉尔吉斯斯坦、塔吉克斯坦,是当年西域都护府管辖的诸郡国,我们称之为"汉西域"。由于汉朝与匈奴长期争夺这片地区,史书载:西域与汉"三绝三通"。

中亚汗国如大月氏、大夏、康居以及安息、条支的波斯湾地区,这些地区除安息和条支一直同汉朝友好相处之外,其他游居的民族政权都同汉朝发生过战争和冲突。

广义上的西域还指身毒(印度)及罗马帝国(中国史书上称其为大秦)统治的东部地区。这主要是由于张骞、班超等不熟悉远方地理的缘故造成的,而汉朝最高统治阶层更不了解"西方"更远的地方情况,当被派往西域的官员和使节把他们听说过的国外风情传到国内时,国内就误认为这些地方也在西域附近(参见《汉书·西域传》)。这样,史书中的"西域"就包括了南亚、西亚等地。

汉宣帝神爵二年(前60),汉设置西域都护府,郑吉为西域都护,辖西域36国。该都护与郡王平级。汉西域都护是汉朝一个特别行政区,这是汉使者张骞、傅介子、冯奉世等人长期外交努力的结果。

汉代西域都护区和交趾(今越南北部)地区之所以能享有部分对外决策权,客观原因是由于中央与边境地区相距甚遥,不宜事事出之中央,主观原因是强大的汉朝有实力保障地方政权不致离心向外。

汉文帝在位时,仍坚持与匈奴和亲修好的政策,而匈奴的势力也在不断壮大,到了汉景帝时期,匈奴已经是西域诸国的霸主,整个西域地区都被匈奴控制。据史载,当时,"楼兰、乌孙、呼揭及其旁二十六国皆已为匈奴,诸引弓之民并为一家"(《史记·匈奴列

汉武帝像

传》)。西域开始对汉朝屡屡侵犯，不断挑衅，边界地区的人民不堪其扰，农田被毁坏，家畜被掠夺。匈奴野蛮无理，他们的游骑甚至逼近过汉朝中心长安城，汉朝也意识到匈奴的威胁实在太大了。

建元元年（前140），年仅16岁的汉武帝刘彻即位，开始了中国历史上最辉煌的时代之一——汉武帝时代。汉武帝凭借前辈所创造的物质基础，积极从事反击匈奴的战争准备。

汉武帝刚继位时，虽然还延续着前几任的和亲政策，但他一直在寻找机会改变传统政策，彻底击退匈奴，解除边境安全隐患。他曾对大将军卫青说："汉家庶事草创，加四夷侵凌中国。朕不变更制度，后世无法。不出师征伐，天下不安。"（《汉书·武帝本纪》）所以，汉武帝积极发展军事力量，他意识到汉朝军队武器装备落后，战斗力太差，于是鼓励从匈奴那里学习制造锋利武器的技术和先进的骑兵突击战术。

而且汉武帝不拘成法，大胆起用一些勇猛而功名心强的将领，陆续清除一些思想僵硬腐化的军事将领。

因为匈奴不断侵犯边境，汉武帝为了加强边防建设，下令在边境建立城邑，将大量民众迁移过去，然后对那里的人进行军事训练；在边郡专门设立马苑养马、创置了北军八校尉，这为建设大骑兵集团创造了条件，最终，汉朝建立了一支由 10～15 万骑兵和数十万步兵组成的强大军队。

汉武帝为了在政治上加强中央集权，举行封禅典礼，提高皇帝威望；"贬抑相权""举贤良文学"来扩大地主阶级的统治；任用酷吏以保证专制措施顺利实施；实行"推恩法"以削弱地方势力等。

在经济方面，汉武帝为了增加战争物资储备，实行盐铁官营政策、征收商人车船税等。

经过苦心经营，汉武帝全面造就了战略反击匈奴的军事、政治、经济条件。而这时汉朝的休养生息政策有了效果，"至武帝初七十年间，国家亡事，非遇水旱，则民人给家足，都鄙廪庾尽满，而府库余货财。京师之钱累巨万，贯朽不可校。"（《史记·平准书》）既然物质条件已经成熟，那么对匈奴发动反击战的时机也就到了。

于是汉武帝以其巨人的手臂，揭开了大规模战争的帷幕，其制定的策略是：一方面积极组织军队从正面进攻，另一方面尽量争取和联合与匈奴矛盾尖锐的西域各国，从侧翼夹击匈奴，以达到"断匈奴右臂"的目的。

汉武帝从匈奴的俘虏中得到一个消息：匈奴统治西域时，大月氏因为被迫西迁，所以特别痛恨匈奴，一直想伺机报复，无奈自身实力太弱，又没有同盟者，所以一直按兵不动。于是，汉武帝派张骞出使大月氏，想说服他们联合攻击匈奴。

汉武帝建元三年（前138），张骞率领100余人离开长安向西域进发，在经过河西走廊时不幸被匈奴俘获，但张骞坚贞不屈，誓死不降，被扣留近10年后，最终逃了出来，最终到达了大宛（今乌兹别克斯坦境内），大宛王对张骞很欢迎，在大宛王的帮助下，元光六年（前129），张骞到达大月氏。可是此时大月氏生活安定，不想再发动战争，张骞在这待了一年，劝说无果，只好返回，可是在回去的路上，又被匈奴所俘，一年之后才逃出来，最后在武帝元朔三年（前126），张骞回到长安。

张骞第一次出使西域是为了与大月氏联盟，最后虽然没有达到目的，但是此行却传播了汉朝的声威，并且还详细了解到西域的地理、军事情况，为之后的反击战提供了重要资料。张骞凭借在西域生活多年的经验,为汉军做向导,直接促成了汉朝军队反击匈奴战争的一系列胜利。

司马迁像

元狩二年(前121),汉军占领河西,次年,汉武帝想要打通自中国西南的四川、云南,经缅甸到印度进而到中亚的路线,但是由于云南少数民族部落的阻碍,一直未能成功。而这条路线就是后来的"西南丝路",虽然汉王朝未能控制西南丝路,但这一道路在沟通中国与缅甸及印度的民间贸易上始终发挥着重要作用。

张骞两度出使西域,达到了孤立匈奴的目的,为汉朝军队取得反击匈奴战争的胜利创造了条件。随着匈奴势力的削弱,丝绸之路得以畅通,大大促进了中西政治、经济、文化交流。首先,在政治上,丝绸之路畅通后,我国新疆与内地首次连为一体,关系日益密切。到宣帝神爵二年(前60),汉王朝在西域设立都护,从此确立了新疆与中原王朝的隶属关系。其次，随着张骞及其副使出访中亚、南亚、西亚各国，各有关国家也派出使臣回访长安，由此建立起了中国与丝路沿线国家经常性的外交往来。丝绸之路是东自我国西汉的长安，横贯亚洲大陆，西达地中海东岸的一条商路。全长7000多公里。再次，在中西方外交关系建立的同时，丝路贸易日趋繁荣兴旺，且以使臣相互往来为主要形式的官方贸易日益占据主导地位。史书记载：汉王朝每年派出使臣十多批，每批使团人数从100余人到数百人不等，出使一次时间长达数年或十数年，往返的使团经常在丝绸之路上相互遇到。汉王朝出使者"皆贫人子，私县官赍物，欲贱市以私其利外国"。而外国来华使者同样也是"奉献者皆行贾贱人，欲通货市买，以献为名"（《汉书·西域传》）。可见，外交使团相当于官方商队，他们是以官方交往为名，行贸易之实。由此，中原的丝绸、漆器、铁器等物品源源不断地流向天山南北及中亚、南亚及西亚各地。境外的奇禽异兽、象牙珠宝等奢侈品也大量涌入中国内地。在西汉王朝维护下，丝路贸易日益呈现出官方的、经常性的、远达西方各国的特征。中外经济贸易往来空前活跃。与此同时，文化思想也沿着丝绸之路进行着广泛的交流。

汉朝反击匈奴战争的胜利，解除了汉朝的边患，为汉朝的社会经济发展创造了一个安定的环境，而张骞出使西域直接推动了丝绸之路的畅通，中国对外贸易和文化交流从此开启了新纪元。各国人民来往频繁，中国和西域地区人民建立了深厚的友谊，这极大地促进了人类文明的进步，所以司马迁盛赞张骞通西域有"凿空"之功。

河西走廊在古代中西交通史上具有重要的地位，是由中原抵达西域的最理想的通道。这段商路是从武威起，经永昌、山丹、张掖、临泽、高台、盐池、临水、酒泉、嘉峪关、玉门镇、布隆吉、安西至敦煌。自敦煌往西，便同上述的新疆境内的丝绸之路的南北两道相接，这便是足以让中华儿孙引以为傲的举世闻名的"丝绸之路"。

本书主要介绍了汉代对丝路的开拓和维护作出巨大贡献的人物，有"文景之治"的开拓者汉文帝；西汉盛世丝绸之路的开创者汉武帝；西汉少年外交英才终军；凿通西域开眼看世界第一人张骞；西汉著名女外交家冯嫽；东汉著名政治、军事家班超；丝路上的和平使者王昭君等。

历史有了他们，才使我国大一统的物质文明和精神文明不断进步、不断发展，并使我国成为世界上罕见的绚丽多彩、深厚宏博的丝绸之路的发祥地，是他们让丝绸之路奠定了中华文明在当时世界的领先地位，并对世界文明产生了深远的影响。

让我们一起追随他们的脚步，步入丝绸之路为我们开创的那个如歌如诗的时代！

文景之治的开拓者——汉文帝

汉文帝刘恒(前202—前157),汉高祖刘邦第四子,母薄姬,汉惠帝刘盈之弟,西汉第四位皇帝。汉文帝是个勤勉的皇帝,他登基后,生活俭朴,为人宽和;他励精图治,重视兴修水利;为了安定民心,还废除了令百姓十分恐惧的肉刑。他的一系列改革和政策,将汉朝推进到了一个既强盛又安定的时期。当时的汉朝,老百姓的生活富足安宁,天下少有战事。这一时期和他的儿子景帝统治的时期并称为"文景之治"。文帝在位时,也有不少影响国家统一和平的问题,例如诸侯王国势力过大、匈奴入侵中原等,文帝讲求以德服人,最后都妥善解决了。文帝是个孝子,曾亲自为母亲薄氏尝药。后元七年(前157)六月,文帝崩于长安未央宫,后葬于霸陵,庙号"太宗",谥曰"孝文皇帝"。

1.顺应形势继承皇位

刘恒的生母是薄姬,吴地(今江苏苏州)人。她原是魏王豹的妃子,魏王豹因叛汉联楚,被刘邦擒获,其家眷一概没收为奴隶,薄姬被安排到织室去织布。一次刘邦去织室,发觉薄姬长得美丽,就把她纳入后宫,成了刘邦的妃子。汉高祖五年(前202),生下一个儿子,刘邦给他取名为恒。薄姬生性柔和,又不被刘邦宠爱,生下儿子后,就一心照看孩子,很少和别人接触。吕后对她母子也不甚忌恨,所以没遭到吕后的暗算。刘恒8岁那年被封为代王。刘邦死后,凡刘邦生前宠爱的嫔妃,吕后一一加以报复,

汉文帝刘恒像

或杀或关，对薄姬则网开一面，准许其随子离京，到代地做了代王太后，远离长安。即使这样，在吕后专权的年代，代王刘恒母子俩也是小心谨慎，提心吊胆，生怕招来杀身之祸。

汉高祖十二年（前195）四月，汉高祖刘邦病逝，太子刘盈继位，他就是汉惠帝。惠帝为人软弱，身体又不健壮，大权落在吕后手中。惠帝七年（前188），惠帝死，吕后临朝称制，她违背刘邦"白马盟誓"，大封诸吕为王，刘氏宗室、功臣宿将与吕氏集团矛盾日趋尖锐。高后八年（前180），吕后死，齐王刘襄（汉高祖长孙），发兵讨吕氏。太尉周勃和陈平用计夺得兵权，同朱虚侯刘章（齐王刘襄弟）一起尽诛诸吕。连吕后立的小皇帝，他们也认为是冒牌货被杀了，一时皇位空虚。

周勃、陈平召集大臣计议，要从刘氏诸王中挑选一个人，立为皇帝。当时诸王中，刘邦的儿子还有两个，一个是代王刘恒，一个是淮南王刘长。刘恒比刘长岁数大。有人提出立齐王刘襄，理由是他是刘邦的长孙。可是，大多数大臣不赞成，因为齐王刘襄的岳母家势力较强。周勃和陈平主张立代王刘恒，理由是刘恒是刘邦的亲儿子，年岁大，人品好，能力强，他的母亲薄氏一贯小心谨慎，从来不过问朝政，所以立代王最合适。大臣一听周勃、陈平这么主张都同意了。于是，就派使者去迎接代王刘恒,要他回长安来即帝位。

使者向代王刘恒讲明来意,并请刘恒起身。刘恒没有轻易答应,而是召集主要大臣计议了一番。郎中令张武不主张立即动身,以防有诈;中尉宋昌分析了形势,主张"不必多心",应立即动身。刘恒虽然觉得宋昌的话有道理,但他为人谨慎,还是和他母亲商量了一番。薄姬一生苦难,已是惊弓之鸟,怎肯让儿子去冒险?于是,先派自己的兄弟薄昭去长安查实一番。薄昭回来后,向代王报告"大臣们真心迎接大王"。代王刘恒才告别了母亲,带着张武、宋昌等6个随从来到长安,在周勃、陈平等一帮大臣的拥戴下,继承了皇位,从此有了历史上著名的汉文帝。

2. 轻刑罚,守法制

刘邦入咸阳时,曾与关中父老"约法三章",但那仅是权宜之计。西汉建立后,他认为"三章"之法不足以御奸,就命令萧何在秦律的基础上作《九章律》。《九章律》虽然不像秦律那样严酷,但还保留着一些连坐、肉刑等。

汉文帝一即位,首先大赦天下,接着就让大臣讨论废除连坐法。他说:"一个人犯了法,定了罪,也就是了,为什么要把他的父母、妻子也都逮来办罪呢?"

大臣们听到皇帝是这个意见，于是都同意废除连坐法。同时，汉文帝又下令救济各地的鳏、寡、孤、独、穷困的人。即位的第二年，又废除了诽谤谣言法。他说："如果有人咒骂皇帝，官吏就认为大逆不

萧何像

道，说话一不小心，又说他们有意诽谤，那简直是封了人民的嘴，我极不同意这种办法。"

文帝前元十三年（前167），他又废除了肉刑。事情的起因是这样一件事：齐国临淄有一个读书人叫淳于意（淳于，复姓）。他喜欢医学，替人治病，很有把握，出了名。后来，他做了齐国太仓县的县令。但他生性自由，看不惯官场上的那一套，于是就挂冠而去，仍旧当他的医生。有一次，一个大商人的小妾生了病，请他给看病，那女人吃了他的药不见好转，过了几天就死去了。那个商人就告他庸医杀人，当地官吏就判了他个肉刑（割鼻、砍去左脚或右脚）。因为他曾经当过县令，所以要送到长安去受刑。淳于意有5个女儿，

就是没有儿子。临上路时，他说："唉，生女不生男，有了急难，一个有用的也没有。"他最小的女儿叫缇萦，听了这句话，很不服气，死活要随他父亲去长安。来到长安，为了救他父亲，她亲自上书汉文帝。汉文帝看了很感动。缇萦信上写道："我父亲犯了罪，要处以肉刑。一个人砍了脚，就成了残废，割了鼻子，再也安不上去了，以后想改过自新，也没有办法了。我愿意做奴婢，替父亲赎罪，好使他有个改过自新的机会，请求皇上恩准。"汉文帝很同情这位小姑娘，也觉得肉刑不合理，于是就废除肉刑，改为罚做苦工和打板子（参见《史记·孝文本纪》）。

汉文帝不仅减轻刑罚，而且还亲自带头遵守法律。有一次文帝的车驾出行中渭桥时，有人从桥下走出，惊了马。文帝很生气。廷尉张释之仅判罚金四两。文帝要求重治。张释之说："法律是为天子和天下人共同制定的。如果我们轻易改变法律，就会使人们对法律失去信任，不知怎么做才对。"文帝听后，认为廷尉做得对。

文帝前元十年（前170），文帝的舅父、车骑将军薄昭杀了天子的使者，犯了大逆不道的死罪。这件事使文帝做了难：不治他的罪，将给外戚横行不法开了先例；治他的罪，又有逆于孝道。于是文帝就打发公卿大臣去薄昭家中赴宴，在酒席上劝薄昭自杀，但薄昭不干，大臣们只好回复了文帝。过了一阵，大臣们又来了,而且均穿着孝衣,说是给大将军吊孝来了。薄昭无法,只好自杀了(参见《史记·孝文本纪》)。

3.改革发展,壮大国力

汉文帝前元二年(前178),贾谊给文帝上了一个奏折,要求汉文帝提倡农耕,厉行节约。汉文帝完全同意贾谊的观点。他在春耕前,下了一道诏书,劝农民多多生产粮食、丝麻,他认为黄金、珠玉饥不可食,寒不可衣,不如粮食、丝麻,并说农业是天下的根本。他还恢复了西周前期的籍田礼。每年春耕来临之际,他亲率百官到郊外去举行耕田仪式,给天下的人做个榜样。另外还规定,农民缺少五谷种子,或者没有粮食,由各县借给,基层官吏要劝告农民及时耕作。那一年,全国普遍获得丰收。为了进一步鼓励农民的生产积极性,他下令免去田租的一半,实行三十税一。后来,三十税一逐渐成了定制,有几年甚至不收田租,这在封建专制的社会里是极为罕见的。文帝还减轻人头税。以前成年男子的人头税是年120钱,文帝减为30钱,负担减轻了3/4。在徭役方面,文帝以前成年男子每年要服一个月的徭役,文帝即位后,改为每3年一次。

汉文帝一生节俭。他平常穿的衣服是粗糙丝绸做的,他最宠爱的夫人所穿的衣服也很朴素,衣服下摆

汉景帝像

不拖到地上,宫女们更不必说了。宫里的帐幕、帏子全不用刺绣,也没有花边。

有一次,有人建议造一个露台。汉文帝召工匠计算了一下,需要百金,汉文帝说:"这相当于10户中等人家的财产,我住在先帝的宫里已经觉得害臊,何必再造露台呢?"(参见《史记·孝文本纪》)

在汉文帝和他的儿子汉景帝统治时期,由于减轻赋税、徭役、刑罚,提倡农业,注意节俭,阶级矛盾相对缓和,政治也较清明,生产得到长足发展,是封建社会少有的盛世,故称"文景之治"。

4. 对外友好,睦邻四方

汉文帝对周边民族和政权的政策,也是以和为贵,尽量避免战争。

秦亡后,秦的南海郡的郡尉赵佗,拥兵自立,割据南海、桂林、象郡。西汉建立后，汉高祖刘邦派陆贾出使南越，赵佗表示服从西汉朝廷的领导，被封为南越王。在吕后临朝时，由于西汉对南越实行经济封锁，双方关系恶化，兵戎相见，赵佗自称南越武帝。汉文帝即位后，主动修复同南越的友好关系。他得知赵佗是真定（今河北正定）人，祖先坟茔仍在真定，就派人修复赵佗祖先的坟茔，并专门设立一个机构进行管理，又把赵佗本家的兄弟召来，任命为官。文帝还派和赵佗有私交的陆贾再一次出使南越，使赵佗主动撤销了帝号，又恢复了西汉初年的宗藩关系。

对匈奴，文帝仍坚持高祖制定的"和亲"政策，继续保持友好的关系。当匈奴侵扰西汉北部边境时，汉文帝则派军加以反击，但每次都嘱咐将领，不要追入匈奴境内。事后，总要致信匈奴单于，要求保持"和亲"，友好相处。对匈奴单于的"和亲"要求，尽量加以满足，诚心结盟，以免兴师动众。

由上可以看出，汉文帝对周边少数民族基本上采取睦邻友好政策。对匈奴王、南越王以礼相待，以兄弟相称，这对于加强民族团结，促进民族融合，都起了重大作用。

文帝后元七年（前157），46岁的汉文帝害了重病。他立了遗嘱说："吾闻盖天下万物之萌生，靡不有死，死者天地之理，物之自然者，奚可甚哀。"（《史记·孝文本纪》)他要求对他的安葬要注意节俭,不可起大坟,也不可把珍宝埋在坟里。照过去的规矩,丧期实在太长了,吩咐天下官吏和人民戴孝只需3天,就该孝满。总之,一切从简。

汉文帝立了遗嘱,就不想说话了。太子刘启流着眼泪问:"要是皇上扔下了我们,叫我们怎么办呢?"汉文帝挺温和地瞧着他,说:"即有缓急,周亚夫真可任将兵。"(《汉书·景帝本纪》)意即:"将来国内要有变乱,可以拜周亚夫为将军,你不必担心。"说完这话,他就咽气了。

汉文帝在位23年,他在中国历代帝王中,是一位注重简朴、勤勉的皇帝。文帝的政治经济方针措施,使当时的汉代社会经济得到了长足的发展,统治秩序也日臻完善,汉朝社会也开始进入治世。

延伸阅读

汉代的海运航线和海外贸易

随着世界经济贸易的发展,陆运的局限性越来越明显,所以航运代替陆运是社会发展的自然走向。我国在开辟丝绸之路的初期,就已经利用海运航线发展海上贸易了。

《易经·物原》记载:"伏羲氏始乘桴",即上古时期我们就已经开始利用工具在海上进行航船活动了。自古以来,东南沿海的人民都是靠海为生,"九疑之南,陆事寡而水事众。于是民人被发文身,以像鳞虫;短绻不绔,以便涉游;短袂攘卷,以便刺舟"。这是《淮南子》对生活在中国东南沿海的居民的一段生动记载。考古学家在浙江余姚河姆渡文化遗址出土了6支独木舟桨及舟形陶器,据估计,这已经有7000多年的历史了。从独木舟开始,浮水工具一直在不断改进,夏朝出现了木板船,后来人们又发明了帆,帆船的发现大大扩展了人类海上活动的范围。

东南沿海各地区在夏朝就已经有了海上的联系,夏朝君主帝芒"命九夷东狩于海,获大鱼"(《竹书纪年》);安阳殷墟出土的原产于海外的商代时期的象牙、龟甲等表明,这时人们的航海活动已经延展到域外;商朝末期,箕子带领子民远渡重洋,在朝鲜建立了"箕氏朝鲜";西周沿海的"百越"人更是以善于造船留名于世,据史料记载:周成王时,"越常献雉,倭人供鬯(音畅,古人祭神的酒)"(王充:《论衡》),说明这时中国已经与日本、越南有了海上的联系;春秋战国时期,越国人"以船为车,以楫为马",齐国的国本就是海上渔盐的利润;

徐福像

秦朝统一中国后，秦始皇多次巡海，而且，秦始皇还派徐福东渡日本，可见，这时中国人民已经开始大量的渡海活动了，大部分都是从山东半岛出发，过朝鲜海峡最后到日本。

所以，秦汉时期，从中国到朝鲜、日本的海上航线已经形成，这其实就是后来的"海上丝绸之路"的雏形。

随着海上活动的频繁展开，海外贸易也逐渐出现了。秦以前南岭的番禺已因聚积海外珍奇而闻名全国。故秦朝建立后，秦始皇进军岭南，其动机之一即在于获得"越之犀角、象齿、翡翠、珠玑"。不过，汉代以前我国海外贸易活动只是偶发性的，尚无明确的记载。

汉代，中国的航海技术和造船水平有了进一步的提高。海上活动亦进入了一个新时期。特别是到西汉中期，国富民强，雄才大略的汉武帝锐意拓边，以加强并巩固大一统的封建帝国。他一方面派大军北击匈奴，另一方面派水师出击割据东南的百越。建元三年（前138），闽越（其中心在今福建福州）发兵攻东瓯（中心在今浙江永嘉），汉武帝派严助率会稽郡水师渡海，救援东瓯，东瓯遂为西汉的直接辖区。建元六年（前135），汉又发兵攻闽越。元狩四年（前119），汉取得对匈奴战争的决定性胜利，北方边患缓解，汉武帝便开始集中力量解决南越（包括今两广及越南北部，其中心在今广东广州）问题。元鼎五年（前112），武帝派遣路博德、杨仆率军攻南越。南越平定后，汉在其境内设立了珠涯（今海南琼山）、儋耳（今海南儋州市）、南海（今广东南海）、仓梧（今广西苍梧）、郁林（今广西贵县）、合浦（今广西合浦）、交趾（今越南北部）、九真（今越南青化）、日南（今越南义安）等郡。至此，中国南方沿海航路畅通。随后，汉武帝又将注意力集中于北方海域。汉初，卫氏朝鲜为汉外臣，然而并不服从于汉，不但攻杀辽东地方官吏，而且阻断朝鲜半岛上的其他小国与汉的交往及海上航路。元封二年至三年（前109—前108），汉武帝遣左将军荀彘出辽东从陆路出击，同时派楼船将军杨仆率兵5万，从山东渡渤海、黄海沿水路进攻卫氏朝鲜之都王险城。汉军取胜后在朝鲜半岛北部建立了玄菟、乐浪、真番、临屯四郡。至此，汉王朝海疆稳固，沿海航路畅通无阻，为中外海上交通贸易的发展创造了前提条件。

与沿海开拓相互促进的造船、航海业也有了巨大的发展。汉代船舶在载重量上较前大大提高了。《史记·平准书》记载，汉代"楼船高十余丈"。《太平御览》中称汉代船"大舸所出，皆受万斛"。这些记载虽有夸大之嫌，但一定程度上反映出历史的真实面目。而据1974年考古工作者在广州发掘的汉代造船工场遗址推断，汉代常用船长度为20米左右，载重500~600斛（合25~30吨），少数大船可能要大些。此外，汉代较大型的船舶已经采取了横隔舱的结构，使船舶结构强度及抗击沉没能力大大提高，为远洋航行提供了可能。

打通沿海航路后，为进一步扩大汉王朝的政治影响，并获取海外奇珍异宝，汉武帝派出远洋船队驶往印度洋，由此开辟了南海印度洋航线。《汉书·地理志》记载："自日南障塞、徐闻、合浦船行五月，有都元国；又船行可二十余日，有谌离国；步行可十余日，有夫甘都卢国。自夫甘都卢国船行可二月余，有黄支国，民俗略与珠崖相类。其州广大，户口多，多异物。自武帝以来，皆献见。有译长，属黄门，与应募者俱入海，市明珠。璧流离、奇石、异物，赍黄金杂缯而往。所至国皆禀食为耦，蛮夷贾船，转送致之。……自黄支船行可八月，到皮宗；船行可二月，到日南、象林界云。黄支之南有已程不国，汉之译使自此还矣。"这段记载告诉我们，汉武帝时，曾派遣黄门（汉代皇帝近侍内臣的衙门，以宦官为主）中官为译长，率领招募来的商人、水手，携带黄金及大批丝绸远航海外，购买海外的珍珠、宝石及各种珍奇异物。

汉代远洋航行的出航地点为雷州半岛的徐闻（今广东徐闻县）、合浦（今广西合浦县），沿途经过诸多古国，诸如倭奴国等，倭奴国位于今日本九州北部福冈市。光武帝所赐金印已于1784年在日本九州志贺岛发掘出土，为这一时期中日交往提供了佐证。随着中日交往的深入，中国的丝绸、铜镜、铜剑等商品相继输入日本。汉献帝建安四年（199），中国的蚕种也经朝鲜半岛传入日本。

西汉盛世丝绸之路的开创者
——汉武帝

汉武帝刘彻（前156—前87），西汉时期的第六位皇帝，杰出的政治家、战略家、诗人。"秦皇汉武"，是后人常常并列提到的两个历史皇帝，也出现在毛泽东的诗词中。汉武帝之所以能够和秦始皇并提，他具有较强的开拓精神是很大的一个原因，而其中还有一个重要表现，就是派遣张骞"凿空"西域，开拓了陆上丝绸之路，由此使得中原王朝和中亚诸国第一次建立起了官方联系。

汉武帝刘彻7岁被封太子，景帝后元三年（前141），也即16岁时登基，称武帝。武帝用"建元"为年号，以公元前140年为建元元年。在此之前帝王未有年号,"建元元年"成为中国历史上用年号纪年的开始。汉武帝登基,即开始全方位把控自己的统治。政治方面:为了加强皇权,他从大臣中选出自己的亲信,组成"中朝";为了巩固中央集权,在主父偃的建议下,在全国颁行推恩令;为了监察地方,设置刺史;为了选拔人才,开创了察举制的选拔制度。经济上方面:他将盐铁和铸币权都收归中央,把经济命脉掌握在自己手中。文化方面:同意董仲舒的建议,"罢黜百家,独尊儒术"。军事方面:发动匈奴反击战,吞并朝鲜,开疆扩土,将汉朝的版图拓展到最大。外交方面:他派张骞出使西域,开辟了闻名世界的丝绸之路。

茂陵

汉武帝刘彻创造了历史上三大盛世之一的汉武盛世,他功业辉煌,是千古称颂的汉武大帝。但是因为征战数年,导致后期的汉朝民生凋敝,国库空虚。他的晚年,农民暴动频发,在巫蛊案中,又滥杀无辜。

征和四年（前89），汉武帝下罪己诏，以省自己，平民怨。后元二年（前87），汉武帝病逝，享年70岁，谥号"孝武皇帝"，庙号"世宗"，葬于茂陵。

1. 展锋芒，继承大统

汉武帝刘彻从小就天资聪颖，又受过良好的文化教育，在兄弟们之中显得才华出众。汉武帝的父亲汉景帝原来的皇后是薄氏，薄氏没有生过儿子，而景帝宠爱的栗姬却连续给汉景帝生了3个儿子。刘彻的母亲是王美人。汉景帝打算废掉皇后，立栗姬为皇后，所以第一步就是立栗姬生的长子刘荣为太子。但是，事情的进展却出人意料，不仅栗姬没有被立为皇后，就连刘荣太子的位子也丢了。

事情的经过是这样的：汉景帝有个姐姐长公主，和汉景帝感情很深，对汉景帝有一定的影响力。长公主有个女儿叫陈阿娇，长公主想把她许配给太子刘荣。长公主一提出来，就被栗姬一口回绝了。长公主恼羞成怒，和栗姬结下了冤仇。刘彻的母亲王美人抓住这个机会，一股劲地讨好长公主。长公主一高兴，就同意把阿娇许给刘彻。长公主和王美人越来越近乎。有一天，长公主带着陈阿娇到宫里来看汉景帝，王美人也带着刘彻来向长公主请安。长公主把刘彻抱过来，放在自己的膝盖上,指着阿娇,向刘彻说:"要不要阿娇给你做媳妇?"刘彻乐了,就说:"要是把阿娇给了我,赶明儿我一定盖金子做的屋子给她住。"大伙儿不由得哈哈大笑。汉景帝觉得刘彻和阿娇很有缘分,就答应了这门亲事。

汉景帝立了刘荣为太子,栗姬认为自己当皇后已成定局。但她不识大体,惹恼了汉景帝,再加上长公主从中挑拨,汉景帝不仅没有立栗姬为皇后,反而把刘荣的太子位也废了。景帝中元元年(前149),汉景帝立王美人为皇后,刘彻为太子。

景帝中元九年(前141),年仅48岁的汉景帝病死了,太子刘彻即位。年轻的汉武帝锐意进取,刚即位的这一年,就令丞相、御史、列侯、郡守给朝臣推荐人才,叫作"举贤良方正直言极谏之士"。全国

东方朔像

推荐上来的有100多人。汉武帝命这些人在长安进行笔试,合格者又经过他面试。这次考核的第一名,就是大名鼎鼎的董仲舒。

2.选拔人才,解决积患

在汉武帝当政的前几年,实权掌握在祖母窦太后手中。但是,年轻有为的汉武帝并不气馁,而是在周围不断发现人才,培植自己的势力,等待时机,以便实现自己的政治抱负。例如,后来成为汉武一代名臣的韩长孺(安国)、汲黯、公孙弘,文学家司马相如、东方朔,以及后来为开拓西南立下汗马功劳的唐蒙、庄助等,汉武帝在这一时期发现了这些人才,并开始委以重任。

建元六年(前135),窦太后病死,摆脱羁绊的汉武帝立即实行大刀阔斧的改革。首先从用人制度上开始。汉初,朝廷大臣多为功臣和功臣子弟,一般官吏也多出身于豪门权势之家。汉武帝则不拘一格,大量选拔地主阶级知识分子,充当中央和地方官吏,以加强忠于个人的政治力量。他继续推行由郡国推举贤良方正的政策。史称当时由各地推荐或自荐的人才多至2000多人,武帝均按其才能大小授官。主父偃出身贫寒,怀才不遇。元朔元年(前128),他来到长安,直接向汉武帝上书言事，受到汉武帝赏识，拜为郎中。以后主父偃不断给汉武帝出谋划策，武帝接连提拔他，一年内升官4次。朱买臣出身微贱，曾靠砍柴卖柴糊口。他上书武帝，受到赏识，拜为中大夫。此外，汉武帝还从牧羊人中提拔了卜式，从商贾中擢升了桑弘羊，在奴隶群中发现了大将卫青，在降虏中任用了金日磾。

汉武帝用人制度的改革、创新，还表现在他接受董仲舒的建议，在长安设太学，选拔郡国优秀青年来长安学习，通过考试，从中发现治国安民的人才。

正是因为不拘一格选人才，所以汉武帝一朝人才荟萃，他们帮助汉武帝进一步巩固和发展了多民族的统一国家。

诸侯王国问题是困扰西汉统治者多年的社会问题。汉景帝平定"七国之乱"，收回了诸侯王国官吏的任免权，加强了对诸侯王国的控制。但是，在汉武帝即位时，诸侯王国问题依然存在，有些封国"连城数十、地方千里"，对汉朝廷仍然是一种威胁。

元朔二年（前127），汉武帝采纳臣下主父偃的建议，实行"推恩令"，规定：诸侯王的王位由嫡长子继承外，还可将土地再分封给其他子弟，建立侯国。汉制，侯国由郡县治理。这样，王国越分越小，势力越来越弱，自然无法割据地方，对抗中央，仅仅是"衣食租税而已"。

汉武帝还利用种种借口，削夺列侯爵位。每年八月,汉武帝要"会王侯于祖庙中"。祭祀祖先时,王侯要交纳一定的黄金助祭。武帝借口王侯交纳的黄金分量不足,成色不佳,削夺他们的爵位。汉初,列侯多达100多人。到汉武帝太初年间(前104—前101),列侯仅剩5人而已。为了加强对地方的控制,元封五年(前106),武帝在全国设立13刺史部,刺史根据他所颁发的"六条问事",监察各郡官吏、豪强在地方上的行为,困扰西汉多年的诸侯王国问题终于彻底解决。

3. 罢黜百家,独尊儒术

秦朝灭亡之后,诸子各家学派又渐活跃。统治阶级偏爱黄老清静无为的思想。但是,经过社会生产的恢复发展,中央集权增强,地主阶级统治稳固,黄老政治已不合时宜。统治阶级需要一种新的思想体系,来为专制皇权服务。董仲舒的新儒学,正是在这种历史条件下出现在历史舞台上的。

董仲舒(约前179—前104),广川(今河北枣强)人,是西汉中期儒家春秋公羊学派的大师,著有《春秋繁露》等书。汉武帝初即位,举贤良文学之士,董仲舒以公羊大师身份应召,被选首列。从此以后,他便投合当权者口味,多次上书,对策,进而撰述,讲学,全面阐发自己的学说,形成了完整的思想体系。

董仲舒提出了"天人感应说",把"天"说成是最高主宰,而且像人一样,是有意志、有感情的。皇帝则是代表天意来统治百姓的。他这种"君权神授"的理论,给封建统治披上了神圣的外衣。董仲舒又把各种自然灾害,说成是老天"谴告"地上的皇帝,要他改变政策,顺承天意。

董仲舒看到统一集权是大势所趋,又是汉武帝的要求,便搬出儒家经典《春秋》,进行穿凿附会。他说:"《春秋》大一统者,天地之常经,古今之通谊也。"(《汉书·董仲舒传》)主张大一统要统到皇帝身上,君上和臣民的关系是干和枝、本和末的关系,应该"强干弱枝,大本小末"。董仲舒认为"君为臣纲,父为子纲,夫为妻纲",而且这三纲是天的意志、天的安排。"天不变,道亦不变。"(参见董仲舒:《春秋繁露》)封建秩序、封建伦理,是永恒不变的。这套说教很适合汉武帝集权政治的需要。

董仲舒向汉武帝提出:"诸不在六艺之科、孔子之术者,皆绝其道,勿使并进。"(董仲舒:《举贤良对策》)要求运用政权的力量,强行统一思想。汉武帝接受了董仲舒的建议,实行"罢黜百家,独尊儒术",建立了文化专制主义。从此,儒家思想逐渐成了封建社会的正统思想。

4. 加强国家中央集权

汉武帝为了巩固政治上的集权,在财政上也实行了一系列改革,把财政大权也集中到中央。

汉初允许郡国铸钱,币制混乱,妨碍了商品流通,也为诸侯王割据一方提供了财政支持。汉武帝把铸币权收回中央,统一货币,造五铢钱。

汉初允许私人经营冶铁、煮盐,盐铁商人富比王侯。为了打击不法商人,增加政府收入,汉武帝在桑弘羊的协助下,实行盐铁官营和专卖政策,严禁私人经营盐铁,为政府开拓了一大财源。

汉武帝为了开拓财源,解决军需国用,还实行算缗、告缗。算缗,就是向商人、高利贷者征收财产税。商业资本和高利贷资本是2000征一算(120钱),手工业资本减半。首先由商人、高利贷者、手工业者自报,呈报不实,一经查出,要没收财产,并罚戍边一年。针对富商大贾千方百计少报或不报的情况,汉武帝又鼓励告缗,告缗就是鼓

五铢钱

励人们检举揭发那些呈报不实的人，一经查证，把被告者家产分给告发者一半。告缗由杨可主持，广泛进行了3年，所谓"杨可告缗遍天下"，中等以上的商贾大都被告发。告缗的成果是朝廷没收的财物以亿计，奴婢千万数，土地大县数百顷，小县100余顷。

为了平抑物价，增加政府收入，汉武帝还推行"均输平准"政策。这实际上是运输和贸易也实行官营。具体办法是，在各郡设均输官，在京城设平准官。均输官在地方负责收购和运输货物，平准官则收罗各地的货物，调剂有无，平衡物价。这也给朝廷增加了巨大收入。

汉武帝通过上述政治、经济、思想三方面的一系列措施，强化了中央集权。这在当时，巩固了国家的统一，促进了经济文化的发展，促进了民族融合。

5. 反击匈奴凿通西域

匈奴贵族对边地的侵扰进犯，是西汉建立以来，始终未能解决的一个重大问题。汉高祖刘邦曾亲自率兵反击匈奴，结果受困白登山，只好实行"和亲"政策，以求边境暂时安宁。一直到汉武帝初年，西汉政府一直坚持这一政策。但是，由于利益的驱动，匈奴贵族对边地的侵扰进犯接连不断，每年杀害和掳走的边地人口都在1万人左右。

汉武帝时，反击匈奴的条件日益成熟。诸侯王国问题得到彻底解决，社会经济迅速发展，军事力量得到加强。政府已拥有一支强大的骑兵，不仅足以防御匈奴侵扰，而且能够深入塞北，主动进行反击。于是，汉武帝决定停止"和亲"，开展大规模反击匈奴的战争。

建元八年（前133），汉武帝派遣马邑（今山西朔州）人聂壹以献马邑城为名，引诱匈奴军单于率领10万骑深入武州（今甘肃陇南）要塞，而汉军30多万人则预先埋伏在附近山谷中，准备一举围歼匈奴主力。匈奴单于中途发觉了汉军的计谋，急忙退回。汉朝的"马邑之谋"没有达到预期目的，但揭开了大规模反击匈奴战争的序幕。

汉与匈奴战争，共有3次重大的战役。

元朔二年（前127），匈奴重兵侵入汉朝上谷、渔阳。汉武帝决定避实击虚，派卫青进攻匈奴盘踞的河南地（今河套地区）。卫青率军北上，发动突然袭击，击败匈奴的白羊王和楼烦王，收复河南地，设置朔方郡和九原郡，筑朔方城，移民10万，屯田戍边。这样，不仅解除了匈奴对长安的威胁，而且建立起反击匈奴的前沿基地。

元狩二年（前121），汉武帝派骠骑将军霍去病率骑兵几万人，向西两次出击。一次出陇西，越过焉支

霍去病像

山（甘肃山丹）1000余里；依次出北地，越过居延山（内蒙古额济纳旗），进抵祁连山，沉重打击了匈奴势力。由于汉军的沉重打击，匈奴贵族内部发生内讧，浑邪王杀休屠王，率4万余人降汉。西汉在河西走廊设武威、酒泉、张掖、敦煌4郡，切断了匈奴与羌人的联系，控制了河西走廊，打开了通往西域的通道。

元狩四年（前119），汉武帝派卫青、霍去病率骑兵24万，步兵十余万，分两路向北出击。卫青从定襄（今内蒙古和林格尔）出发，北进1000里，与匈奴主力接战，大败匈奴单于，直抵寘颜山（今蒙古杭爱山）。霍去病从代郡（今河北蔚县）出发，深入漠北，大败匈奴左贤王军队，到达狼居胥山（今蒙古德尔山）。这次战役具有决定性意义。从此，匈奴再无力大举南下。史称"匈奴远遁"，"漠南无王庭"。

汉武帝反击匈奴的战争，制止了匈奴贵族对西汉北部边境的侵扰，有利于北部人民生产生活的安定。

西汉时期，人们把玉门关、阳关以西直到中亚或更远的地方称为西域。但狭义的西域主要指今新疆境内、天山南北的广大地区。当时，西域有36国，有的以农业为主，有的以畜牧业为主。西汉初年，匈奴势力深入西域地区，在西域设僮仆都尉，对西域各族实行残酷统治。

汉武帝从匈奴俘虏口中得知，有一个叫大月氏的

汉代铁器

国家,是匈奴的"世敌",在匈奴压迫下被迫西迁。汉武帝想联络月氏夹攻匈奴,于是招募人出使西域。汉中城固人张骞应募。张骞性格坚毅,办事灵活。他在出使途中被匈奴扣留10年之久,后来逃脱,继续西行,越过葱岭(今帕米尔高原),到达大宛(今乌兹别克斯坦境内),又经大宛到达康居(今哈萨克斯坦境内),最后抵达大月氏(今阿富汗境内)。原来迁居伊犁河流域的大月氏,又遭到乌孙的攻击,被迫继续西迁到阿姆河流域。这时大月氏已用武力征服大夏,由于这里土地肥沃,逐渐改为从事农业的居民,无意东返,再与匈奴为敌。所以,张骞在大月氏逗留一年多,得不到结果,只好回国。返回途中,又被匈奴扣押一年多。直到元鼎二年(前115),张骞返回长安。

从此,汉和西域各国来往日益密切。西域的核桃、胡萝卜、葡萄、苜蓿等作物传到中原,丰富了汉族人民的物质生活。汉朝的铁器、丝织品、凿井技术也传到西域。中国通往西亚欧洲的丝绸之路从此开通。汉武帝对开拓我国西北边疆和促进中外联系的加强,作出了杰出的贡献。

6. 平周边,发布罪己诏

在西汉前期,东南地区出现了以温州为中心的东瓯和以福州为中心的闽越两个割据政权,闽越实力雄厚。

建元三年(前138),闽越派兵攻打东瓯,汉武帝派庄助率军援救东瓯,闽越被迫退兵。东瓯王率领4万军民内迁到江淮之间。元光二年(前133),闽越又进犯南越。汉武帝派王恢、韩安国两路大军救援南越,东进闽越。由于闽越内部发生政变,新政权向王恢投降,汉武帝才罢兵。元鼎六年(前111),闽越再次发动叛乱,汉武帝派5路大军平叛。平息叛乱后,汉武帝把闽越贵族和臣民统统迁徙到江淮之间。从此,东南一方一直比较安定，生产也得到较快发展。

元鼎五年（前112），南越发生反汉政变，丞相吕嘉杀死了主张和西汉友好的南越王和王太后。汉武帝派10万大军分5路去平息叛乱。叛乱平息后，汉武帝在该地区设立9郡，其中6郡在今两广境内，3郡在今越南北部。

西南夷地区是指今天甘肃南部，四川西部和南部、贵州北部和西部，云南和西藏昌都一带。建元六年（前135），汉武帝派唐蒙出使夜郎，夜郎王归附西汉，西汉在其地设犍为郡。元封二年(前109)，汉武帝派兵入滇，滇王归附，西汉在其地设益州郡。从此，云贵地区全部归入西汉版图。其后，汉武帝又陆续把西南夷的其他地区也归入西汉版图，设立郡县。

元封三年（前108），汉武帝又通过战争，降服了东北的高句丽等部，在那里设玄菟郡（郡治在今辽宁新宾）、乐浪郡、真番郡、临屯郡（郡治均在今朝鲜民主主义人民共和国境内）。

汉武帝对我国多民族统一国家的巩固和发展，作出了杰出的贡献。

经过汉初60多年的恢复、发展，西汉到汉武帝时，经济繁荣。汉武帝在位时，十分注重水利工程的兴建。在关中地区，修了著名的漕渠、龙首渠、六辅渠、白渠等。在瓠子口堵塞黄河决口的工程中，汉武帝亲临现场，令"群臣从官，自将军以下，皆负薪填决河"(《史记·河渠书》)。水利工程的大量兴建，大大减少了水旱灾害的发生，有利于农业生产的发展。

汉武帝在位54年，其中有32年连续对外进行战争，再加上汉武帝穷奢极欲，大兴土木，迷信鬼神，挥霍无度，因而到了他统治的晚期，"海内虚耗，人口减半"，"百姓流离"，社会上出现了上百万的流民，甚至出现"人相食"的惨景。人民忍无可忍，不断举行起义，"天下骚动"。起义遍及关东地区，大者数千人，小者数百人，"攻城邑，取库兵，释死罪，缚辱郡守、都尉，杀二千石"(《汉书·酷史传》)。精明强干的汉武帝已经认识到，如不迅速转变政策，将会重蹈秦亡的覆辙。

征和四年(前89)三月，汉武帝在今山东广饶县，看到农民在辛勤劳动，就一边亲自到田里参加劳动，一边说："朕即位以来，所为狂悖，徒使天下愁苦，不可追悔。至今，事有伤百姓，靡费天下者，悉罢之。"(汉武帝《罢轮台屯田罪己诏》)不久，大臣田千秋请求汉武帝斥退方士，不要再搞求神、求仙的事，武帝也十分同意，后悔自己"向时愚惑，为方士所欺"，劳民伤财。同年六月，搜粟都尉桑弘羊又请求武帝派人到轮台屯田戍边，武帝拒绝了，并借此颁布了著名的《罢轮台屯田罪己诏》，"深陈既往之悔"，表示过去兴师远征是自己的过失，以后要停止用兵，而采取

秦皇古驿道的"车同轨"印记

"禁苛暴止擅赋,务本劝农,无乏武备"的缓和政策,以减轻人民负担,并封丞相田千秋为富民侯,意要"思富养民"。此外,还任命农业家赵过为搜粟都尉,让他在全国范围内推广先进的"代田法"。以后赵过又改进了很多农业生产工具,由中原推广到边疆地区。经过两年的经济恢复和减轻赋税徭役,阶级矛盾又渐缓和,统治危机得到缓解,动荡不安的西汉社会又逐渐趋向安定。

后元二年(前87),70岁的汉武帝一病不起。在临死前,他把小儿子刘弗陵托付给大司马大将军霍光,让他做周公,让小儿子做成王。一代雄主就这样终结了自己的一生。

可以说,汉武帝时期,在评估国内国外形势的基础上,制定了对周边少数民族和其政权实施以招徕为主、军事为辅的策略,开辟了陆上丝绸之路。陆上丝绸之路由此焕发出勃勃生机,成为中国与世界交流的一个重要通道,因为中国的丝绸大受西方的欢迎,罗马人就把中国称为"赛里斯",意即"丝绸之国"。

延伸阅读

秦汉时期交通文明的发展

政治、经济的发展,社会文化思想的统一,都与交通条件的改善有着十分密切的联系。秦汉大一统王朝的建立,使中央政府所直接管辖的区域大大地扩展,为了巩固封建王朝的统治,秦汉时期的统治者都很重视当时交通的建设和改善。

1. "车同轨"促进交通文明进步

从相关文献可以得知,"车同轨"的实现带动了我国古代的道路建设,客观上促进了古代交通的迅速发展。

而交通的进步对于中华民族文化共同体的形成和发展有重要的影响。

秦汉时期的交通对政治、经济、文化的发展具有举足轻重的意义。"车同轨",有几大好处:首先是极大地提高了政权的行政效率,政令的传达便捷了许多;其次是促进了当时各个经济区域之间的贸易往来;第三,交通的便捷也有助于各地文化交流,推动文化的发展。可以说,很大程度上,秦汉时期的强盛、繁荣和安定,得益于"车同轨",得益于交通运输系统上的不断完备。

从历史文献上我们可以了解到,秦汉时期交通发展的状况,较之前朝,已经得到很大改善,联络各大江河流域主要经济区的交通网皆已经形成,各种交通工具的制作技艺也较为成熟,交通运输能力也极大提高,交通组织管理形式进一步完备,这些都为秦汉王朝的社会发展打下了坚实的基础。

汉代帝王也同样将交通建设看作执政的重要任务。在《汉书·武帝本纪》中记载着汉武帝时开通往"南夷"地区的道路、平治雁门地区交通险阻等事迹。据《史记》中的记述、著名的褒斜道的经营和漕渠的开凿,也是由汉武帝亲自决策施工的。王莽通子午道,汉顺帝下令罢子午道、通褒斜道等史实,也都说明了封建朝廷对交通工程建设的重视。交通建设的成功对于汉王朝开边拓地的事业有显著的意义。与汉地相隔绝的西域诸国之所以和汉王朝实现了文化沟通，与丝绸之路的开通有着密切的关系。汉武帝重视优良马匹的蓄养，使军队的交通工具和行动能力切实提高，后方的军需供应也得到保障，于是他继而出师匈奴，改变了北边经常受到侵扰的局面。交通建设的成就，使大一统帝国统治的能力和水平都得到空前提高。

交通的进步，也使行政效率得到提高，中央政府的政令，得以快速下达地方各级郡县，并且能得到有效实施。尤其是政务军务紧急的时候，快速运作的驿传系统显得尤为重要。正是交通的便捷和快速，强化了中央集权，使得全国大一统的格局得以构建和维持。

交通进步为大一统国家经济的运行提供了便利。

秦汉大一统政权建立之后，海内连成一体，众多关卡禁限多被打破，富商大贾得以"周流天下"，四处行商，商品贸易发展起来，社会生产和社会消费都冲破了原有的比较狭隘的地域。《史记》中说的"农工商交易之路通"，就从一个侧面揭示出当时交通建设的成就。

利用当时的交通条件，朝廷可以及时掌握各地农业生产的实际状况，进行必要的规划和指导。当遭遇严重的自然灾害时，可以调动运输力量及时组织赈救。由于战争和灾荒，及时安置流民以及移民垦荒等措施的迅速有效实施，也是一因为交通的通达、便捷来作为必要的保障。

秦汉交通的进步极大地推动了经济的发展，如秦汉时期商业运输的繁荣，正得益于交通的便捷发达。而运输业的发展，不仅繁荣了物资的交流，也改善了百姓的经济生活。在某种意义上，交通的进步推动了一直受到政府压抑的民间自由贸易的发展，这为秦汉时期的经济繁荣做出了重要贡献。

大一统国家文化的发育和构建，也离不开交通的进步发展，并且交通在其中所起作用巨大。战国时期七国纷争的时代，各国之间计量不同、车轨不同、法律不同、服饰不同、语言不同、文字不同。秦始皇时期丞相李斯在《会稽刻石》中则写着"远近毕清"，"贵贱并通"，"大治濯俗，天下承风"，"人乐同则，嘉保太平"。《会稽刻石》宣扬的正是一种天下文化统一的观点。"车同轨"的实现，一方面，让各地区的文化、思想的交流和融合有了更便捷的条件和渠道；另一方面，借助便捷的交通，中央和地方政府能更快地了解各地文化和思想，能更好灌输统治阶级意识，更准确地掌控文化倾向，以进一步控制天下士人和百姓的思想，这些，都为新的文化共同体的形成创造了条件。

秦始皇时代，从统一度量衡、统一车轨到统一法律、统一文字，完成了一次成效显著、收获丰盛的文化融合，而秦始皇时代之后各地区间文化的进一步融合，是在汉武帝时代实现的。这仍然得益于交通条件的巨大进步，汉武帝时代的交通建设，对文化大融合功不可没。

汉武帝大兴交通建设，在全国多地凿山通道，架桥铺路，这大大提升了河漕水运的水平，并打通了通往西域的道路，开拓出陆上丝绸之路，将大汉的威名远播中亚。汉武帝时代，楚、秦、齐鲁文化实现合流，秦代隶书最终被文化界认可，文字实现了进一步的真正统一，促成"书同文"的理想得以实现。在文化政策上，汉武帝"罢黜百家，表章六经"，儒学成为一统天下的"国学"，其他学说皆受打压或融化到儒学里去，儒家文化的正统地位，正是在这一时期真正确立起来。

汉武帝时代交通建设的成就为统一的汉文化的发育提供了较优越的条件，虽然从司马迁的记述中，仍然可以看到各地文化风情的显著差异，但各地区的文化差异，已经随着交通的进步而明显淡化。

在西汉晚期至东汉，黄河流域已经大致归并为关东和关西两个基本文化区。由于各地文化基础差异以及相互文化交往尚不充分，以致两个基本文化区人才素养的倾向也表现出显著的差异，这就是所谓"山东出相，山西出将""关西出将，关东出相"。东汉以后，由于军役往来、灾民流徙、异族南下、边人内迁等特殊的交通活动的作用，文化融合的历史进程进一步加速了。

从语言上看，在汉朝，许多关东、关西方言已经逐渐趋于统一。魏晋以后，形成并峙的江南、江北两大文化区，此后，历代又有不同的文化区划，如后来的南方、北方，今日的"沿海"和"内地"，"东部"和"西部"。其中交通条件的差异对文化区的划分起了很大作用，交通条件好的地域有良好的经济文化发展优势，其文化借助有利的交通条件，能实现更快的发展。

综上可见，交通的发展对于国家的进步有着重要的历史意义，而"车同轨"的出现又在中国古代交通的发展史上闪耀着特殊的光芒。

"车同轨"还有另一项历史功绩，即它采取的"标准化"理念。当时，秦始皇下令全国车辆使用同一宽度的轨距，这也就要求车辆的零件必须统一，零件统一，极大地提高了车辆制作和修补的效率，为秦朝土木工程建设和战场作战带来很大好处。这种"标准化"的要求和方法在今天看来仍很先进，两千多年前的秦朝就已有了"标准化"的理念，如今仍在现代社会中起着巨大的作用，这让我们对古人的智慧感到无比的敬仰。

2. 多样化的秦汉交通工具

秦汉时期的人们所使用的交通工具可以按照陆路与水路交通而分作两大类，陆路以车为主，水路则利用船只航行。

秦汉时的陆路交通工具，大体上仍为车、牛、马。

先秦时期，牛车和马车都已经出现了。但是其车型和用途都和秦汉时期有不同之处，牛车被称作大车，马车被称作小车。马车比较便捷，所以常常用来做兵车之用，也就叫作"戎车"了。但在汉代，车战已退出了军事活动，马车的功能主要用于载人。

《后汉书·列女传》说，鲍宣妻"著短布裳，与宣共挽鹿车"。《魏志·司马芝传》也说："以鹿车推载。"鹿车大概是一种极简陋的车，或者就是指后世的小车。

汉代马车模型

此外，东汉张衡创指南车，宋有司里车，名虽称车，而作用和车不同。正如三国时，诸葛亮制木牛流马，名为牛马，却可认作车类，是诸葛亮所制以为运输军粮之用，其制作方法，在《蜀志·诸葛亮传》注中介绍甚详。

马，或驾车，或单骑，在秦汉时已非常普遍。《史记·平准书》记汉武初年长安的情形，说："众庶街巷有马，阡陌之间成群，而乘字牝者，摈而不得聚会。"可见西汉盛时马之繁殖及用马的普遍。

牛，秦及汉初贵族皆不用。汉武帝时，渐有用以驾车者。《晋书·舆服志》说："古之贵者，不乘牛车。汉武帝推恩之末，诸侯贫弱者至乘牛车。其后，稍见贵之。自灵献以来，天子至士，遂以为常乘。至尊出朝堂举哀，乘之。"

汉代的陆路交通工具还存在着运载货物的辇和鹿车，这两种车的最大特点在于都是用人力来充当牵引动力。

所谓鹿车作为人力车有两个特征：一是手推而行，二是独轮车。《风俗通义》记载："鹿车窄小，裁容一鹿也。……无中马而能行者，独一人所致耳。"(《太平御览》卷775) 清代瞿中溶《汉武梁祠画像考》说鹿车之鹿："当是鹿卢之谓，即辘轳也。"(《汉代物质文化资料图说》) 就是将鹿车的独轮比作辘轳。不论文献做何种解释，都意在说明独轮车之小。鹿车适宜在比较狭窄的道路上通行，其负重虽不可能太重，但也完全可以装载100公斤重的物资。著名学者孙机先生考证说，同类的独轮车，欧洲直到公元12世纪以后才出现，比中国晚了1300余年。

秦汉时期，人们在陆路交通上也更多地采用骑乘的方式，这也是当时最为便捷也最为简易的交通方式。《汉书·五行志》记载西汉成帝便装出行访视民间，所带随员："或皆骑，出入市里郊野，远至旁县。"说明骑乘在秦汉时期不仅用于军事需要，也大量用于民人及官吏出行所需。

"旱路资车，水路资舟。"中国先人很早就开始了水路航行活动。《易·系辞》上说："刳木为舟，剡木为楫，舟楫之利，以济不通。"到了秦汉时期，我国古代行船仍以击楫划水带动船行为基本手段。《史记·佞幸列传》说汉代的宠臣邓通"以濯船为黄头郎"。即用楫（船桨）划船得到皇帝宠幸，因而做了黄头郎官。

在《汉书·百官公卿表》中记载汉代政府专门为此设有职官楫濯令、丞等，许多场合或行文也用楫来代指舟船。

船的种类很多，形状各异，大小及内部设置也各有不同，可以按规格和型号来划分。一般情况下，在内河行船，船体一般不大，底部平坦，船的首尾两端分别上翘，船头安放有桨，船尾则安放舵。一般小型的舟船需一桨一舵，较大的船只则有四桨一舵，甚至更多。

湖北江陵凤凰山汉代墓葬遗址出土的遗册记文中就有"大舟皆廿三桨"的记载。孙机先生推测此船共有桨11对，舵一支。汉代人在舵的使用上有了重大改进，舵的作用本是用于控制航向。汉代的舵，其形状类似桨，但比桨大，到汉代后期，进一步形成舵楼，也就是有了驾驶舱室，并且舵的位置也由船的中部一侧移向船尾居中，这样一来，控制舟船航行方向的准确度就大大增强了。

汉代还出现了单人或双人小艇，即后来的舢板。这种小艇的速度较快，也比较灵活。汉代的中小型船只中，还有一种被称作"艄"的船。这种船的外形看起来船身较短，但船体的横断面却较宽，载重量一般为30石。

汉代规格最高的船是楼船，船体也较大，楼船高度可达十多丈。广州汉代墓葬出土的随葬明器中即有木楼船模型，楼船高度为三层，一般也多用于水军和水上军事活动。装载人员和物资的数量也非常可观。

秦汉时期，海上交通从渤海、黄海直到东海和南海，到处可见船楫帆影，一些较大的海船更远航至印度支那半岛，甚至远航到印度洋，《汉书·地理志》和《后汉书·马援传》都有这方面的详细记载。无论是内河航运,还是海上运输,秦汉时期我国的水路交通都十分发达,商船有时结队而行。江湖之上,舟舸行驶穿梭,昼夜不断。三国时吕蒙袭取荆州即伪装成商船。水路的畅达使秦汉的陆地交通与水上通道交织而行,形成了一个完备的水陆交通体系,它给秦汉经济、商业和文化的交流提供了方便的条件。各地区之间的联系进一步加强,文化的传播更为广泛和深入,祖国内地与沿海的沟通成为可能,人们的活动空间和视野更为宽广。正因如此,秦汉交通工具的完善和进步成为支撑秦汉交通迅速发展的一个重要条件。

西汉少年外交英才——终军

终军(约前133—前112),字子云,西汉时济南(今山东淄博市)人。是西汉的少年外交家、爱国英雄、华夏志士。少好学,18岁被选为博士弟子,受到汉武帝赏识,封"谒者给事中",奉命巡视东方郡国。终军年少有为,有壮志,曾经在国家需要的时候毛遂自荐远赴抗击匈奴,为国献力,汉武帝很赏识他,升他为谏大夫。汉武帝时,国家尚不太平,南越割据政权还没有归附汉朝政府,此时,终军再次自荐,请求出使南越,他说:"愿受长缨,必羁南越王而致之阙下。"(《汉书·终军传》)这也就为后世留下了"请缨"的典故。终军以他外

终军像

交家的谋略和辞令说服南越王臣服汉朝,归附大汉,但终军自己却在南越丞相吕嘉发动的反对汉朝的战争中被杀害,年仅20岁,英雄短命,举世唏嘘。

终军被世人称之为"终童",据《济南府志》载,终军死后归葬济南。"君不见,汉终军,弱冠系虏请长缨;君不见,班定远,绝域轻骑催战云!男儿应是重危行,岂让儒冠误此生?况乃国危若累卵,羽檄争驰无少停!弃我昔时笔,着我战时衿,一呼同志逾十万,高唱战歌齐从军……"这首《国民革命军新编第一军知识青年从军歌》中所提到的"弱冠系虏请长缨"的"汉终军",指的即是西汉少年外交家终军。

1. 大丈夫志在四方

终军自幼勤奋好学,汉武帝元狩元年(前122),

招选天下文学才智之士,终军被选为博士弟子,由地方官推荐到京城长安受业。

终军离开济南赴长安途中,一路艰难跋涉,这天终于到达函谷关。函谷关位于今河南省灵宝市北15千米处的王垛村,地处"长安古道",紧靠黄河岸边。因关在峡谷中,深险如函而得名。守关吏卒交给他一件帛制的"繻"(出入关门的通行凭证,用帛制成,上面书写有文字,分为两半,出入合符,才能通行)。终军刚开始不知道这是什么东西,当得知是返关交验的凭证时,慨然掷之于地,朗声自信地说:"大丈夫志在四方。我既入关,不干出一番事业,绝不回来!"守关吏卒都佩服他的勇气(参见《汉书·终军传》)。

到长安后,18岁的终军积极上书,陈述自己对国家大事的看法。他少年英俊,博学多识,文采斐然,为汉武帝所赏识和器重,拜为给事中,与后来著名的司马相如、董仲舒、东方朔、枚皋等同朝为官,一同成为汉朝的股肱大臣。

两年后的一天,终军受命巡行郡国,又路过函谷关。只见他手执皇帝特赐的旌节,骑在高头大马上,随从官员及全副武装的卫士们前呼后拥。函谷关关吏认出终军就是此前弃繻、慨然有大志的后生,惊讶之余,不禁对他更加叹服。唐人胡宿曾有诗赞道:"望气竟能知老子,弃繻何不识终童!"(胡宿《函谷关》)

2. 说降匈奴

终军雄才大略,富有辩才。作为西汉名臣,他对维护国家统一、加强中央集权统治、密切汉朝同周边少数民族地方政权的关系作出了积极的贡献。

有一次,朝廷需要遣使赴匈奴,终军上书自荐:"军无横草之功,得列宿卫,实禄五年。边境时有风尘之警,臣宜被坚执锐,当矢石,启前行。驽下不习金革之事,今闻将遣匈奴使者,臣愿尽精厉气,奉佐明使,画吉凶于单于之前。臣年少材下,孤于外官,不足以亢一方之任,窃不胜愤懑。"(《汉书·终军传》)其意即是说:"我没有尺寸之功,却得以居高位食厚禄,现在边境有敌人来袭扰,我本应当披上盔甲,手执武器,亲自到前线作战。但我因为驽钝,不懂军事。听说朝廷要派遣使者到匈奴去,我愿意尽心竭力,出使匈奴,把和、战利害关系告诉匈奴单于。但想到我年少才疏,没有担任过出使的重任,没有独当一面的重要经验,不禁满心愤懑,深感心有余而力不足。"汉武帝看到终军的自荐书后,诏终军觐见,并详细询问他将如何说服单于罢军止战。终军侃侃而谈,对答如流,见识不凡,汉武帝大为高兴,于是擢升他为谏事大夫,命他为使者出使匈奴。终军机智善辩,豪气纵横,临强不畏,顺利地完成了出使匈奴的任务。

据《汉书·武帝纪》记载,元狩二年秋,浑邪王降汉,其中就有终军的功劳。

3. 请缨南越

终军一生有过两次重要的出使,除了往匈奴说降外,另一次就是出使南越。

当时的南越指居住在广东、广西一带的少数民族。秦末,原南海郡龙川令赵佗乘农民战争和楚汉战争之

赵佗像

机,定都番禺(今广州),起兵攻占象郡、桂林等郡,自立为南越武王。汉朝建立后,南越同汉朝的关系时好时坏。汉初,赵佗表示臣服于汉,汉朝也承认赵佗为南越王。到吕后时,由于对南越实行禁运,赵佗又自称为帝,脱离汉朝,并发兵进攻长沙五属县。汉文帝时,曾派陆贾为使者,到南越说服赵佗和汉朝恢复关系。赵佗答应去掉帝号,向汉朝称臣入贡。汉朝仍以赵佗为南越王,统领其地。其后赵兴即位,汉武帝欲召他与王太后一同入朝,归顺于汉。

终军主动要求前往南越,他对汉武帝表示:"请陛下授予我一根长缨。我到了南越,如果南越王不肯归顺,我就用长缨把南越王捆缚活捉回来!"汉武帝欣然应允。此后,终军弱冠请缨的故事便成为历史佳话,"请缨"也成为投军报国的代名词。

到了南越后,终军采取攻心战术,对南越王赵兴晓之以理,动之以情,慨然陈辞。赵兴和王太后为终军的慷慨激昂所折服,都答应入朝,归顺于汉,并愿跟内地诸侯一样,向朝廷进贡。

这一喜讯传到京城长安,汉武帝大喜,立即颁赐南越王大臣印绶,并颁令他们改用汉朝的法规,采用汉朝的礼仪风俗,同时命终军等使者暂留镇抚。

4. 以身报国影响深远

所谓"天有不测风云,人有旦夕祸福",历相三朝的南越相国吕嘉拥兵自重,权势很大。他一向坚决反对南越臣服于汉。汉武帝元鼎五年(前112),吕嘉唆使一些强硬分子起兵杀了南越王赵兴、王太后及汉朝使者,终军同时罹难。终军死时,年仅20岁,时人称之为"终童"。

据《汉书·艺文志》记载,终军留有著述8篇。清人马国翰在《玉函山房辑佚书》中只辑有4篇,其他都已散失。他留下的著述虽不多,但他"请缨报国"的故事长留青史。

"弃繻""请缨"的典故,在后人的诗词中多有引用。著名诗人王勃就在他的《秋日登洪府滕王阁饯别序》中写道:"勃三尺微命,一介书生,无路请缨,等终军之弱冠;有怀投笔,慕宗悫之长风。"表达了自己与终军年纪相仿,却无请缨报国机会的遗憾;唐代诗人钱起《送薛判官赴蜀》:"始见儒者雄,长缨系余孽";杜甫《七月一日题终明府水楼二首》:"宓子弹琴邑宰日,终军弃繻英妙时"等诗章表达了对终军爱国的敬慕;近人宋剑秋《寄杭席洋先生》的"四十年前革命身,追随总理效终军"等诗句体现出终军对后世的深远影响；毛泽东在《清平乐·六盘山》一词中，写下了"今日长缨在手，何时缚住苍龙"的名句，更是表达了一个伟大革命家的凌云之志和豪迈情怀。

在今山东省淄博市齐陵镇梁家终村，现立有终军墓。该地南近稷山，东依牛山，墓上苍松翠柏，景色宜人。

延伸阅读

汉代文明与中外文化交流

1. 中华文明走出国门

商品是经济文化的载体，经济贸易也是文化的交流手段，中外贸易的开展，推动了中国先进经济文化与域外各国文化的相互传播，中外文化相互交融，互补互长，共铸辉煌。当然，汉代的中国经济文化位居世界第一，相对于其他国家和地域，占有绝对优势，因此，中国物质文明和精神文明对世界的影响更为显著。

汉代时中国经丝绸之路输出的商品种类丰富，既有被西方人视为奢侈消费品的丝绸、漆器，也有铁器等生产工具，还有中国特有的植物品种，如肉桂、生姜、谷子、高粱等，其中最为重要的是丝绸及铁器。《史

记·大宛列传》记载：自大宛（今帕米尔高原以西地区）以西至安息（今伊朗、伊拉克地区）"其地皆无丝漆，不知铸铁器"。沿着

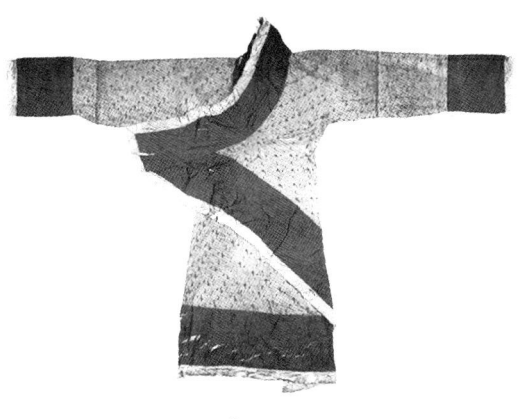

汉代丝织品

丝绸之路，中国丝绸源源不断地被输往西方。近代以来，在丝绸之路沿线很多地方都曾发现汉代丝织物，有的甚至是成捆的丝绸被埋没在干燥的沙漠中。中国丝织品丰富了西域各国人民的衣着，美化了他们的生活，如罗马皇帝恺撒和埃及王后克娄奥巴特拉都以穿着中国丝绸制成的锦袍为荣耀。中国丝绸的精妙绝伦日益为东西方各国所认识，他们在花费重金进口中国丝绸的同时，也竭力寻求获得中国的养蚕缫丝技术。大体上在汉代时，中国中原地区的养蚕缫丝技术已传到新疆地区。唐代高僧玄奘在其《大唐西域记》中记载了一个关于蚕种西传的故事。该书记载，瞿萨旦那国（即古于阗国，位于塔里木盆地南沿）原来没有养蚕缫丝业，后来听说其东方邻国有蚕桑，于是派使臣前去求取，然而被东国国王拒绝。东国国王还下令边关严防

蚕桑之种被人携带出境。瞿萨旦那王只好卑辞下礼，派人向东国求婚，东国国王答应了这一要求。瞿萨旦那王令迎娶使臣告诉东国公主说，我国历来没有丝绵桑蚕，你可以把蚕桑之种带来，将来好为自己做衣服。东国公主接受了这一建议，私下将桑蚕种子放入帽絮中。当他们抵达边关，守卫关卡的官员仔细检查了所有的物品，只有公主的帽子不得检查。这样，桑蚕之种就被带入瞿萨旦那国。从此，瞿萨旦那国开始了养蚕缫丝业。王妃还令人刻石立碑规定：严格保护蚕桑，不得随意杀伤，违者处以严厉的刑罚。此故事还见于藏文《于阗国授记》。公元1900年，斯坦因在和田丹丹乌里克遗址中发现了一块木版彩画，该画生动地描绘了上述故事。画面中央绘一盛装贵妇，坐于其间，头戴高冕，两旁跪着两位侍女，左边侍女以右手指贵妇之冕，画面左端绘有一篮，其中盛满形同果实之物。右端有一多面形之物。据斯坦因考证，画中贵妇人，即上述传说中的东国公主。侍女手指贵妇人之冕，意为冕下隐藏之物，即公主私运来的蚕种。左端篮中所盛之物，即为蚕茧。右面所画多面形的物体，即纺织丝绸用的纺车。由此可见，这一传说并非完全属于虚构。另据考证，文中的东国，并非指汉帝国，可能是指于阗以东的鄯善国（本名楼兰，今新疆若羌县）。汉代中原的养蚕缫丝技术除了沿着丝绸之路向西北地区传播外,还沿海路传入朝鲜、日本及越南等地,《齐民要术》说:(汉代)"日南(今越南北部)蚕八熟。"

除丝织品外,汉代中国输出的商品还有漆器、铁器、釉陶、纸等。近代在阿富汗喀布尔以北的一个佛教寺院遗址中曾发掘出汉代的漆奁、漆盘和漆耳杯。纸是两汉时期中国人的一项伟大发明,东汉时,中国已成批生产纸张了。这种价格低廉、携带方便、书写容易的材料很快成为中外商人经营的一种新商品。它首先经由丝路传入新疆,新中国成立后,在新疆很多地方出土有汉代中原地区所产的植物纤维纸。这一时期,纸还越过葱岭传到印度的西北部。汉代的冶铁技术和水利灌溉技术也传播到域外,中国汉代的铁制品以精良的品质享誉世界。公元前2世纪,大宛人学会了中国铸铁技术,此后再由其传入安息。中国铁器传入安息后,在木鹿被锻造成武器,锋利无比。所以罗马史家普鲁塔克将安息武器称为"木鹿武器"。到公元1世纪,中国铁器也大量流入罗马,普林尼曾说:"赛里斯送来的铁最优秀。"汉代中国的铁器也传入印度,故梵文中将中国铁器称为"支那生"。此外铁及铸铁技术也沿着海路传入东南亚,如在今越南北部,汉交趾太守任延教会当地人铸造铁制农具,《后汉书·任延传》记载:"九真俗以射猎为业,民常告籴交趾,每致困乏。延乃令铸作田器,教之垦辟,田畴岁岁开广,百姓充给。"近代在印尼爪哇岛也曾出土汉代铁器。

中国商品及其制造技术的传播，特别是铁及冶铁术的输出，改进了世界各地的生产工具，大大提高了其劳动生产力，从而丰富了东西方各国人民的物质生活，促进了当地的社会进步。

2. 外来文明的传入

随着对外贸易的开展，汉都长安逐渐成为国际大都会。史载长安"明珠、文甲、通犀、翠羽之珍盈于后宫，蒲梢、龙文、鱼目、汗血之马充于黄门，巨象、狮子、猛犬、大雀之群食于外囿，殊方异物，四面而至"（《汉书·西域传赞》）。东西方各国物品源源不断地流入中国，中亚北部诸国如康居、奄蔡等，盛产毛皮，汉代时大量输入中国，因此汉都长安等大城市出现了不少专营毛皮的商店，不少毛皮富商被比作"千乘之家"，富比王侯。此外，中亚、西亚及大秦的毛纺织品也不断进入中国，史籍记载，月氏、罽宾、身毒都出产一种毛毯，称氍毹，其中以月氏所产最为有名。从罗马贩运来的毛纺织品，种类繁多，质地精良，史称，其质"皆好，其色又鲜于海东诸国所作"。随着毛织品的输入，其生产制造技术也逐渐被我国汉代新疆各族人民吸收，对于新疆地区毛纺织业的发展起了有益的作用。

汉朝从中亚、西亚进口的最大宗的货物是马匹，汉代中国作为传统的农耕地区，马的品质低劣，数量亦有限。汉初，一些王公贵族出行只能乘牛车。为适应对匈奴战争的需要，汉王朝不断引入域外良马。张骞第二次出使西域，即从乌孙带回好马数十匹，被汉武帝称为"天马"。以后，大宛国的汗血马进入中国，更以其优良的品质夺得"天马"的美名，乌孙马被改称为"西极马"。到东汉时，月氏马、安息马也输入到中国，班固在给班超的信中称："窦侍中令载杂彩七百匹、白素三百匹，欲以市月氏马、苏合香、氍毹。"（《班固与弟超书》）中亚、西亚良马的成批引进，大大有助于中国马种的改良，对于汉代及后世畜牧业的发展起了有益的作用。汉武帝末年，仅中央直接掌管的军马就达到40万匹之多，民间"农夫以耕载，而民莫不乘骑"（《史记·平准书》），马已成为农业生产及交通运输的重要工具了。

中亚、西亚的一些植物品种也传入中国，其中主要有：葡萄、苜蓿、石榴、胡麻、胡豆、胡桃、胡瓜、胡荽、胡蒜等。葡萄又称蒲桃或蒲陶，原产西亚，汉代时已传入中亚各地，大宛、康居、大月氏、罽宾、龟兹、车师等地都盛产葡萄及葡萄酒。如龟兹富户能收藏1000担葡萄酒；大宛富人藏酒至1万余担，"久者至数十岁不败，俗嗜酒"。汉使取种于大宛，葡萄传入中原，先在宫中种植，史书记载：汉武帝时离宫别观旁尽种葡萄，以后逐渐推广到民间。苜蓿也来自大宛，是汗血马的饲料，随汗血马的输入被引种到中国。石榴来自安息或中亚。胡麻即芝麻，据称来自大宛。胡桃即核桃，来自安息。胡豆即蚕豆，来自中亚或安息。胡瓜即黄瓜，原产埃及，汉代乌孙、大月氏等地都有种植，并由此传入中国。胡荽又称芫荽或香菜，胡蒜即大蒜，均来自中亚或西亚。这些植物新品种的引入，大大丰富了中国农作物品种，使汉代农业生产体系趋于完善。

此外，从境外输入到汉代中国的物品中还有为数众多的奢侈品和奇禽异兽。汉武帝时，"殊方异物，四面而至"，其中有来自大秦的夜光璧、珍珠、琥珀、珊瑚、火浣布、海西布、琉璃，来自身毒（今印度）的大象、犀牛、孔雀、玳瑁，来自安息的狮子、鸵鸟等。这些珍奇异物的输入，尽管主要是供统治阶层奢侈享受，但它们也开阔了人们的眼界，如在中国工艺美术品中出现了大量狮子等造型的图案，对于中国手工艺品的发展起了有益的作用。

与此同时，两汉时期中国也大量吸纳外来文化。由于国外珍禽异兽的传入，中国石雕艺术的题材中出现了狮子及长颈鹿的造型；域外植物的输入，使铜镜及丝织品的图案中出现了葡萄文饰。汉武帝时，经安息传入了大秦的魔术。到东汉时，大秦的杂技艺术又通过掸国（今缅甸）传来，使中国传统的角抵戏发展成名目繁多的"百戏"。中亚、身毒及掸国的音乐也传入中国，随之传来了西域的琵琶、箜篌、笳、笛、角等乐器。这一时期，传入中国的外来文化中最为重要的是印度的佛教，大体在公元前 80 年，有印度僧侣跟随商人来到于阗，佛教在新疆逐渐传播。东汉时，大月氏占据印度西北部，其王迦腻色迦崇尚佛教，在国内大造佛塔与佛寺，使佛教极度兴盛。大月氏僧侣陆续来华，并开始在中国翻译佛经，弘扬佛教。随着佛教的传入，古代印度犍陀罗地区深受希腊文化影响的犍陀罗艺术也传入中国，使汉代中国的佛教雕刻、绘画及建筑艺术别具风采。佛典的翻译对中国文学、史学都产生了深远的影响。总之，以中外经济交流为基础的文化交流的开展，使两汉时期的中国文化丰富多彩，璀璨夺目。

凿通西域，开眼看世界第一人——张骞

张骞（前164—前114），字子文，汉中郡城固（今陕西省城固县）人，汉代杰出外交家、旅行家、探险家。武帝时以军功封"博望侯"，旋拜中郎将，受命出使西域，开通与西北诸国、中亚与汉朝的交流的通道，开通丝绸之路。他是中国历史上第一位有重大影响的对外友好使者。他不仅将中原文明传播至西域，把汉朝的影响力延及广阔的西域，还把西域的许多物种如汗血马、葡萄、石榴等，以及不少文明成果引进中原。汉朝和西域的交流自此频繁起来。东西方文明的交流对于推动汉朝文明乃至整个世界文明的进步都具有重要意义。张

张骞像

骞也因此被誉为"第一个睁开眼睛看世界的中国人",名垂史册。汉武帝元鼎三年(前114),张骞在长安病逝,葬于汉中故里。

张骞是我国西汉时期功绩卓著的外交家。有人说,张骞是我国古代外交第一人,这话一点也不过分。张骞以国家使节的身份西通中亚的壮举,可谓前无古人。至于东汉班超父子数十年经营西域,可以说是张骞事业的继续。西汉、东汉把对中亚、西亚以至欧洲的外交推向一个前所未有的高度。

1. 复杂的汉匈关系

汉武帝为什么要派张骞通西域?这是由当时汉朝所处的国际环境和国内形势决定的。汉初,匈奴是北方强邻,在冒顿单于治理下,国势强盛,不断南下攻掠。自汉高祖刘邦始,汉朝对匈奴采取"和亲"政策,委曲求全,汉匈关系时好时坏。经文帝、景帝至武帝,国家积蓄了力量,武帝开始以大规模军事力量打击匈奴。汉在对匈长期斗争过程中,寻求第三种力量的支持至关重要。由汉、匈地理位置所决定,对双方来说,第三种力量不会在别处,只能在西域寻找,因而汉、匈在西域的争夺非常激烈。

"西域"一词最早见于《汉书》,和张骞出使西域的业绩分不开。那时塔里木盆地周围散布着大大小小36个国家。张骞通西域前，这里受匈奴贵族役使，"赋税诸国，取畜给焉"。匈奴人的残暴统治，常常引起西域各国的不满。

大月氏是一个著名的"行国"，即游牧民族，人口40万，秦汉之际游牧于敦煌、祁连一带，被匈奴打败之后，不得不西迁，经过伊犁河辗转迁往中亚腹地。

《汉书·大宛列传》载，汉武帝建元三年（前138），"匈奴降者言匈奴破月氏王，以其头为饮器，月氏遁而怨匈奴，无与共击之"。这一段话说的是这样一段历史：匈奴单于打败了月氏族，杀了月氏王，并把月氏王的头颅制成饮酒的器具。月氏人怨恨不已，但又找不到盟友共同回击匈奴人，只好败退，向西逃走了。

2. 艰苦的西行

此时，"汉方欲事灭胡，闻此言，欲通使"。汉朝得到这一宝贵情报，兴奋异常。为了共同抗击匈奴，必须尽快派人去联络大月氏（史称西走的月氏为大月氏，没有西迁的为小月氏）。考虑到西行的必经道路——河西走廊处在匈奴控制之下，汉朝廷"乃募能使者。骞以郎应募，使月氏，与堂邑氏故胡奴甘父，俱出陇西"（《史记·大宛列传》）。"郎"是汉武帝的侍从官，没有固定职务，又随时可能被选授重任。

汉朝时，人们认为西域是荒蛮地区，去西域是十分危险的事。道路难行自不必说，沿途还很不安全，常常遭到抢劫和杀害。张骞时年约26岁，正是风华正茂、干一番事业的年纪。他有勇有谋，胆大心细，敢于担当重任，因此毅然应募。武帝对他充分信任，遂授以汉节（使节凭证）。以张骞为首的100余人庞大外交使节团，于武帝建元三年（前138）离长安，由陇西（今甘肃东部）出境。

令人遗憾的是，张骞西行，必须经过匈奴人控制的地区。当时由于汉匈基本上处于敌对状态，匈奴人时刻提防着汉朝任何对己不利的举动。匈奴人知道，一旦汉与西域某种势力联手，自己就会陷于被动。

张骞出使西域群雕

张骞使团这么多人浩浩荡荡西行，很快就被匈奴人发觉。张骞等100余人全部被匈奴扣留，并被带到单于王庭，西行使命的证据被搜出。单于说："月氏在吾北（原文如此），汉何以得往使？吾欲使越（在汉朝南边），汉肯听我乎？"月氏在匈奴的背后，汉朝派人去那里，必然对匈奴不利，这是不言而喻的事。在汉、匈处于互不信任的情况下，双方彼此保持高度警惕，是不难理解的。好在匈奴人并未把事情做绝，不像在一般情况下那样，杀死对方的使者，但是也绝对不能放张骞去大月氏，于是把汉朝使团扣留起来。后来匈奴人还把一胡女嫁给张骞为妻，而且还生了儿子。

西行不成，张骞一时一刻也不敢忘记自己承担的使命。他把武帝授给他的汉节小心翼翼地放在身边，精心保管着。时间过去了10年，匈奴人渐渐放松了对张骞的看管。一天，张骞终于找到机会，趁匈奴人一时看管松懈，招呼尚在身边的随从及胡妻一起逃脱，继续西行。他们在沙漠里迷了路，就以日月星辰辨别方向；没有吃的东西，"穷极射禽兽给食"。

一路上多亏那位名叫甘父的随从，无怨无悔，忠心耿耿，协助张骞克服了无数困难，对张骞完成西行任务起了很大作用。据《汉书》注释，甘父为胡人。所谓"胡"，在我国古代历史上泛指中国北方和西方的少数民族。甘父生长在少数民族地区，后来流落到长安，在堂邑氏家做奴仆。有一篇文章说，中亚一作者认为甘父是伏尔加河流域的俄罗斯人，被匈奴人俘虏后辗转到了中国。甘父箭法很好，张骞西行时，一路上常常忍饥挨饿，实在没东西吃的时候，多由他射杀禽兽，解决大家的饥渴问题。

张骞西行路线已无法考查，今人大体知道他是走传统丝绸之路的北线。张骞出陇西后被匈奴拘捕，地点虽然不明，但被捕后"传诣单于"，则很可能是被押送到漠北的单于庭。张骞从那里逃跑"西走"。

3. 得大宛王协助

"西走数十日至大宛。大宛闻汉之饶财，欲通不得，见骞，喜，问曰：'若欲何之？'骞曰：'为汉使月氏，而为匈奴所闭道，今亡（逃脱），唯王使人道（导）送我。诚得至，友汉，汉之赂遗王财物不可胜言。'大宛以为然，遣骞，为发驿导（车马与向导），抵康居，康居传至大月氏。"（《史记·大宛列传》）

张骞一行一路备尝艰辛，所幸遇到因贪图汉朝财物而对张骞继续西行多有支援的大宛王。大宛在现今中亚乌兹别克斯坦的费尔干纳盆地，而康居在今乌兹别克斯坦北部和中部。张骞的后半段路程还算顺利，从费尔干纳盆地西行，再往南，到达今中亚阿姆河上游一带，找到了大月氏。大月氏王庭建在阿姆河北岸。

此时的大月氏已拥立被匈奴人杀害的国王的夫人为王，并已征服了大夏（今阿富汗北部、乌兹别克、塔吉克南部、土库曼的东部）。《汉书》载："大夏本无君长，城邑往往置小长。民弱畏战，故月氏徙来，皆臣畜之，共禀汉使者。"（《汉书·西域传》）

大月氏没费太大力气就占领了大夏，并逐渐安定下来。当张骞到达时，看到大月氏"地肥饶，少寇，志安乐，又自以远远汉，殊无报胡之心"（《史记·大宛列传》）。原来大月氏西来之后，找到了新的安乐窝，无心向匈奴报昔日的深仇大恨。这里离汉朝那么远，与汉朝结盟已无实际需要了。

4."凿室"西域第一人

张骞在大月氏停留一年多，虽经多方努力，终未达到联络大月氏共同打击匈奴的目的，只得东返。

张骞担心东返时再次被匈奴扣留，于是舍弃比较容易走的北道，而走南路，穿越帕米尔，"欲从羌中归"。很不幸，"复为匈奴所得"。好在，这时正值匈奴内乱，无力顾及此事，扣留一年多，张骞又乘机逃脱了。

张骞于汉武帝元朔三年（前126）返抵长安，历时13年的出使任务终于了结。原先随从100余人，除堂邑氏甘父一人外，均已散失。张骞的胡妻也一同来到长安。

  整个京城轰动了。汉武帝高兴地在长乐宫接见张骞。张骞奉还了汉节，被封为博望侯。他向武帝详细报告了西域诸国的情况，这就是《汉书·西域传》资料的最初来源。张骞的报告引起武帝极大兴趣，"武帝感张骞之言，甘心欲通大宛诸国，使者相望于道，一岁中多至十余辈"（《汉书·西域传》）。《史记》的作者司马迁把张骞通西域称为"凿空"，张骞即成为"凿空"西域第一人。

5. 开创丝路新纪元

  张骞西行，在历史上第一次打开了通往西域乃至更远的道路，标志着中国同西域关系一个崭新时代的开始。张骞在向汉武帝报告时，曾建议"招乌孙东归，以斩匈奴右臂"。于是，于元狩四年（前119）武帝又派他以中郎将身份出使乌孙，也即第二次出使西域。不巧，适逢乌孙内乱，一时顾不上接待张骞。张骞随派副使去大宛、康居、大夏、安息等国。4年后，当张骞一行返回长安时，内乱稍定的乌孙还是派使同张骞一起来到长安致谢。从此以后，乌孙成了汉朝在西域最得力的盟友。汉乌交往中涌现出一位中国古代杰出的女外交家冯嫽。此是后话，留待以后的文章中再加详述。

张骞通西域的直接成果还表现在与大宛联系的加强。大宛使者在张骞出使乌孙回国的第二年也来到长安。

张骞大约活了50岁。《汉书·张骞传》说他"为人疆力（坚忍于事），宽大信人，蛮夷爱之"。

张骞西使的意义还在于提供了当时中亚内外政治形势、民族分布等方面的重要资料。

据《史记·大宛列传》，张骞首次西使，"身所至者大宛、大月氏、大夏、康居，而传闻其旁大国五六"（《史记·大宛列传》）。张骞所说传闻之国，是指乌孙、安息、条支、黎轩和身毒等。其中，安息应即帕提亚朝波斯，在它的西面和西南面是条支和黎轩。在安息东南方，占有印度河流域的是身毒。在安息北方，自黑海北部，经里海、咸海往东，直至楚河、伊犁河流域，活动着游牧部族奄蔡、康居和乌孙。当时康居领有被《后汉书·西域传》称为"粟弋"的泽拉夫善河流域。在安息东方，另一个大游牧部族大月氏统治着阿姆河流域，征服了领土主要位于河南的大夏国。在大月氏或大夏的东北，即今费尔干纳地区则是所谓大宛国。张骞归国后向武帝所作报告中，详略不等地描述了以上10国的情况。可以毫不夸张地说，没有张骞的这份报告，今天书写公元前2世纪中亚（特别是其西部）的历史是完全不可能的。

中国瓷器

张骞两次出使，加强了中原与西域各民族的联系，对促进汉朝与中亚、南亚乃至欧洲、非洲经济文化交流，作出了不可磨灭的贡献。中国古代的"四大发明"、中国的丝绸和瓷器，沿着这条道路传向远方；西域的物产也极大丰富了中国的物产。

正是张骞开辟的这条道路，后来被人们称为丝绸之路。2000多年来，丝绸之路沿线地区的各民族后世子孙将其不断发扬光大，张骞出使西域所取得的业绩彪炳千秋，意义重大。今天，即将开通的欧亚大陆桥，定会迎来中外人民互相交流的一个更广泛、更辉煌的时代。

　　张骞两度西行，不畏艰难，历尽千辛万苦，纵然被扣也不忘初心矢志，为汉朝与中亚西亚的友好作出了巨大的贡献。张骞出使西域，也是中外政治关系上划时代的大事。汉朝与各国通好以后，丝绸之路"使者相望于道"，反映了张骞交通西域后，中西交往的频繁景象。

 延伸阅读

汉代丝绸之路与中外贸易通道

秦汉时期的中外贸易多经由西北陆路,这里,既有中国商人远赍货物,翻山越岭,"远者八、九岁,近者数岁而返"(《汉书·西域传》),又有"不绝于时日"的西方"商胡贩客日款于塞下"。这一方面的贸易额占据着同期中外贸易额的绝对重头。魏晋南北朝时期,海上贸易开始兴盛,孙吴时,波斯、天竺海舶就常舶于交趾,东晋南朝时代,番禺(今广州)已是"舟舶继路、商使交属"、海舶"岁十数至",交州等港口亦十分繁忙。这表明魏晋南北朝时期的中外海上贸易往来已初具规模,这一时期的中外贸易海陆两旺。

丝绸之路有南北两道之分。《汉书·西域传》称:"自玉门、阳关出西域有两道:从鄯善,傍南山北波河西行,至莎车为南道。南道西逾葱岭,则出大月氏、安息。自车师前王庭,随北山波河西行,至疏勒为北道。北道西逾葱岭则出大宛、康居、奄蔡。"《后汉书·西域传》也有类似的记载:"自鄯善逾葱岭出西诸国,有两道。傍南山北,波河西行至莎车,为南道。南道西逾葱岭,

则出大月氏、安息之国也。自车师前王庭随北山，波河西行至疏勒，为北道。北道西逾葱岭，出大宛、康居、奄蔡焉。"可见，丝绸之路在我国境内，南道是由敦煌（今敦煌西）出阳关（敦煌西南古董滩附近），过鄯善（本名楼兰，都城为抒泥，今若羌县），沿昆仑山北西行，经且末（今且末县，塔里木盆地东南）、精绝（今民丰县北）、于阗（今和田一带）、皮山（今皮山县）至莎车（今莎车）；北道是由敦煌出玉门关（今敦煌西北小方盘城），越流沙，至车师前国（今吐鲁番），沿天山南西行，经焉耆（都城为员渠城，今焉耆西南20千米）、龟兹（今库车）、姑墨（今阿克苏）至疏勒（今喀什）。这条路之所以分南北两道，是因为在我国新疆境内有塔里木盆地、塔克拉玛干大沙漠的横隔，只能沿昆仑山北侧或天山南侧西行的缘故。

从阳关、玉门关向东，直至丝绸之路的起点——长安，是长安到新疆之间我国国内交通的主要干线，又是丝绸之路在我国境内不可分割的一部分。这条商路又分为两段：一是从长安至河西走廊，二是河西走廊。

长安至河西走廊的这段商路，也分为南北两道。北道是自长安，经咸阳、兴平、礼泉、乾县、邠县、长武、泾川至平凉，再经固原、海原、靖远、景泰、古浪至武威。北道的开通，是在西汉时期。南道是从长安出发，经咸阳、兴平、武功、郿县、宝鸡、汧阳、陇县、陇城、秦安、通渭、陇西、渭源、临洮、临夏，至青海的民和、乐都、西宁，再往北过大通河（古浩门河），越祁连山过扁都口，经民乐至张掖，在此与北道会合。南线的开辟，也始于西汉。张骞第一次出使西域，就是走的这段路程。其后，东晋的法显从长安经河西、新疆到印度去求法取经，也正是途经此道。由于南道位于黄河以南的农耕地区，所以其自然条件优越于北道。

当时，中外贸易的主要通道有：

1. 西域道

西域道指经由西域地区通往中亚或其他地区的通道。在秦汉、魏晋南北朝时期，西域道主要有三条。一是南道：西汉时出玉门关西行，过盐泽至楼兰，经塔克拉玛干沙漠之南，沿昆仑山北麓西行，途中过且末、精绝、于阗、莎车，再西北行至疏勒与北道合，全长约1900千米。二是北道：西汉时亦由楼兰西行，经大沙漠之北，沿天山南麓西去，经尉犁、焉耆、龟兹、姑墨抵疏勒，全长共700千米。东汉时由于盐泽变迁，加之伊吾、车师都被汉朝控制，所以北道出玉门关后径直北行，经伊吾、高昌、焉耆、龟兹至疏勒。南北两道交汇于疏勒后，即合为一道，西越帕米尔高原，到达中亚古国大宛。由大宛前进，西北行可至康居、奄蔡，南行可入大月氏、身毒，西去可抵安息、罗马。这两条道路至魏晋南北朝时期仍沿用不衰，唯线路稍有变动。三是北新道：草原路或称戈壁路。此路自阳关北上，出伊吾到车师、高昌，由此穿越天山东麓缺口，取道准噶尔盆地，过卑陆、且弥，到乌孙，再西南行抵大宛。这条路萌生于先秦时期，但由于东汉以前匈奴势力一直控扼着沿途地区，此道也久为其垄断。至魏晋南北朝时期，北新道的利用率才渐渐提高，北周时，已是"商贾往来，多取伊吾路"（北新道）。隋唐时代，它与原北道成为西域道的两条干线道路。

2. 南海道

南海道指经中国南海西入印度洋的海上通道。西汉武帝时代，已遣商团由广西之合浦、广东之徐闻出发，沿越南海岸，经马来半岛抵印度。这些商人"赍黄金、杂缯而往"，航行一年余，途经都元、邑卢没、谌离、夫甘都卢，抵黄支国。虽然有些地名至今尚未定论，但黄支国为印度之建志补罗已为多数学者认同。武帝以后，南海路仍时被利用。《汉书·王莽传》有"东致海外，南怀黄支"之语，可见此时与黄支仍有密切往来。巴利文的《那先比丘经》弥兰王（公元前后）与龙军和尚的一段对答中，龙军举的一个例子就讲到印度运货的船曾远至中国等地。东汉时期，大秦、天竺等地的使节与商人亦时由此道而来。魏晋南北朝时期，随着造船与航海能力的提高，南海航线的续航能力大大增强，不需像过去那样只能沿岸近海航行了。因此，这一时期的南海航线更加繁忙,许多取经僧人也道经南海。东晋高僧法显在狮子国(即僧伽罗,斯里兰卡的古代名称)归国时,即随当地"商人大舶"而返,刘宋时僧人昙无竭等25人亦是由南天竺"随舶放海"达于广州(均见释慧皎:《高僧传》卷三),由此可见南海道利用率之高。

3. 永昌道

永昌在汉代为西南重镇,东汉设郡,领有今云南腾冲与缅甸八莫一带,处于中、印、缅古道要冲(《华阳国志》卷四称:本郡中有"闽、濮、鸠、獠、僄、越、躶濮、身毒之民"。身毒即印度,僄为缅甸,躶濮当为孟加拉湾沿岸的躶人国。书中又称:郡中有黄金、光珠、孔雀、犀象、水晶、琉璃、蚌珠、蚕桑、绵绢、彩帛、文绣等,应有尽有,成为西南边境中外贸易的重要口岸)。自永昌除可沿储路(即中印缅路)抵印度外,还可缘水路到达更多的地区与国家。《后汉书·西南夷传》称"掸国西南通大秦"。东汉时期,大秦国人已由海路抵缅甸,经永昌到达中国洛阳。魏晋南北朝时期,大秦一直"有水道通益州永昌郡"。此外,由永昌沿伊洛瓦底江入孟加拉湾,可由海路至南印度,亦可抵南海诸国。

4. 东海道

东海道是由中国大陆或朝鲜半岛跨海至日本的路

线。在秦汉、魏晋南北朝时期，中日间的人员往来多经由朝鲜半岛，直接由中国东部沿海往日本者比较少见。因此，朝鲜半岛南部的辰韩（百济）成为东海道的重要中继站。由此南下，可抵日本的山阴、北陆地区。这主要借助于日本海上里曼与对马两大海流所形成的沿周围陆地左旋的环流。在这一环流作用下，辰韩地区的船只多可自然漂流至日本列岛。此外，由辰韩或弁韩出发，还可中经对马、远瀛（冲绳岛）、中瀛（大岛）等岛屿，抵达筑前的胸形（宗像）一线。至隋唐时代，中日间才较多地直接跨海往来。

北击匈奴的中国战神——李广

李广（？—前119），汉族，陇西成纪（今甘肃天水秦安县）人，西汉时期的名将。历任中郎、北部边域七郡太守、未央宫卫尉、骁骑将军、右北平郡太守。李广长期戍守西部边塞，一生打仗无数，其中与匈奴军队作战70余场，勇猛善战，功勋赫赫。匈奴人敬畏李广，还称之为"飞将军"，所以有李广镇守，匈奴多年来未敢进犯。他为汉朝戍守西疆安宁、抗击匈奴的骚扰侵袭，做出了巨大贡献。元狩四年（前119）的漠北之战中，前将军李广因为迷路，未能参战，愧疚而自杀，一代英雄壮志难酬，令世人无限感慨。唐德宗时将李广同历史上其他功勋卓越的名将共64位供奉于武成王庙内,史称"武成王庙六十四将"。宋徽宗时又追尊其为怀柔伯,位列"宋武庙七十二将"之一。

1.骁勇善射

李广像

李广的祖先是秦朝大将李信。李广接受世传弓法,射得一手好箭。

汉文帝十四年(前166),李广第一次参军抗击匈奴,因为射得一手好箭,在战场上立了大功,并因此官至中郎,并成为文帝的侍卫。李广天生勇力,身材高大又臂长,擅长射箭,并且以此为乐。李广射箭奇准,一箭出去,必中靶心。据说他出猎时以误将石头看作老虎,一箭过去,连箭头都深深地射进石头里去了,可见他的力量之大、射艺之高。此外,因为李广对自己要求甚高,出箭必中,所以他总要在离目标数十步内的地方时才放箭。这时,他搭箭拉弓,对面的敌人或者猎物就倒霉了。

等到汉景帝继位时，李广获封骑郎将。"七国之乱"时，李广任骁骑都尉，随太尉周亚夫抗击吴楚叛军。李广在昌邑城下，夺取了敌人的帅旗立下战功，名气大增。但因为接受了梁王私授给他的将军印，并未得到朝廷封赏。以后，李广经历颇丰，历任上谷、上郡等地太守，常领兵抗击匈奴，名气很大。

至汉武帝登基，在众臣的建议下，任命李广为未央宫卫尉。李广为人廉洁奉公，不但把自己的赏赐分给下属，更与将士同吃同饮，丝毫没有将军的架子。40多年来，他的俸禄一直只有2000石，家中无多余财务，也不购置家产，深受士兵爱戴。李广能身先士卒，与众将士同吃苦共患难。他对士兵宽缓不苛，士兵也都愿意甘心为他卖命。连匈奴都忌惮他的号召力和谋略，不敢进犯他的戍地。

汉武帝元光三年（前132），汉用马邑城（今山西朔县）设计引诱匈奴单于入塞，并事先派兵埋伏在附近的山谷内，由李广担任骁骑将军，听命于护军将军韩安国。单于意识到山谷藏有埋伏，立即领兵返回。李广率兵从雁门攻打匈奴军，因兵力不抵敌军而兵败被俘。匈奴单于对李广早有耳闻，命部下将李广活捉带回。当时，李广已深受重伤，被匈奴放在两匹马中间用绳子结成的网袋里。李广瞧见旁边一少年骑了一匹好马，心生一计，突然一跃，跳到了那匹马上，摘走了那少年的弓箭，推他下马，策马扬鞭逃离。匈奴人拼命追赶，但没有追上，李广因此侥幸逃脱。回京后，因为李广部队死伤众多，自己又被俘，本该斩首，后用钱赎回一条命，贬为平民。被贬后，李广在家无事，常与颍阴侯灌婴之孙灌强射猎于蓝田南山中。有一天夜晚，李广带着一个随从外出，回来时路过霸陵亭，这里的霸陵亭尉喝醉了，看到夜过的李广，呵斥着不让通行。几经说辞，霸陵亭尉仍不同意李广通行，李广无奈只得在此留宿。不久后，匈奴攻入辽西，韩安国的军队被击败。此时，汉武帝想起了李广，命他抗击匈奴。

2. 终不得封

不久，李广被任命为郎中令。元狩二年（前121），李广以郎中令身份率4000名骑兵从右北平出塞，与博望侯张骞的部队一起出征匈奴。李广率部前行100里，不料未与张骞部队会合，先遭遇匈奴左贤王的4万骑兵，被重重包围。但李广毫无惧色，从容应对困局。经过几次惨烈的战斗和突围，匈奴折损几员副将，而李广所部则几乎全军覆没。最后张骞的救兵赶到，李广方得救。这次战役的失败被归因于"博望侯"张骞的救援迟缓，张骞因此负有主要责任，被贬为平民，李广则功过相抵，不予追究。

"冯唐易老，李广难封"，说的就是英雄未能得志的典故，李广一生与匈奴作战40余年，战功赫赫，却始终未被封侯，令后人无限惋惜。他身边不少亲友、部下，皆连连升任高位，堂弟李蔡官至丞相，而李广的官职却始终未超过九卿。据传，李广得到望气算命的王朔提示，悟到自己未能封侯，皆因自己当年为陇西太守时，下令杀死已经投降的羌族人。这让他引为终生憾事。

3. 出征失道

元狩四年（前119），大将军卫青与骠骑将军霍去病奉命攻打北漠匈奴。年老的李广多次奏请随军出征，都未被准许。很久后才被准许随卫青出征。汉军得知单于的驻扎地，卫青部署进攻路线，自己亲率精兵袭击，命李广和右将军赵食其从东路出击。不服老的李广请求做先锋，未被准许。武帝私下对卫青说过李广年老又命数不好，不让他与单于正面交锋。卫青派自己的好友公孙敖一起随同自己出征，便把李广调开。李广知道后很气愤，拒绝调动，但最后还是回到军营，领兵与右将军赵食其会合，从东路出发。军队因无导向在途中迷了路，因此耽误了约定的军期。卫青的部队因单于逃跑也无收获。

率军回朝后,卫青派长史带干粮酒食送给李广,问他当时迷路的情况,李广没有回答。卫青又派长史催李广的幕府人员前去听候审问,李广说:"众校尉何罪之有,只是我一人带队迷了路,现在我亲自去听候审问。"

李广回来后对部下说:"我已经六十多岁了,决不能再受那些舞文弄墨的办案人员的侮辱!"说罢便挥刀自刎了。他手下的将士都哭了。百姓听到这件事,也都为他流泪。汉文帝曾经感慨地说:"惜广不逢时,今当高祖世,万户侯岂足道哉。"(《汉书·李广传》)

延伸阅读

有趣的汉代都市交通及其管理

汉代有一些驰名中外的大都会,长安、洛阳之外,还有蓟、邯郸、定陶、寿春、南阳、成都、荆州、吴、番禺、敦煌等,这些都会的交通都很发达。各地人口都在10万、数十万之间,长安城甚至在100万以上,交通建设与管理的任务都很繁重。这里以长安为例,兼及洛阳,说明一下汉代的都市交通及其管理。

长安,西汉都城,位于关中千里沃野的中部,面对渭水,背靠终南山,左华右陇,形势险固。西周的政治中心丰邑、镐邑就建在这里,秦始皇统一六国后,更在附近大兴土木,集聚天下财富,建设京城咸阳成为天下第一重镇。可惜,项羽入关,放了一把火,把这里变成了一片废墟。

项羽像

汉建国后,在萧何等人主持下,在渭水之南、潏水东岸的开阔地上,着手兴建新都,先后建成未央宫、长乐宫、明光宫、北宫与桂宫等建筑群。汉惠帝时,又调集30万劳力,在这些建筑群的外围,以夯土筑成了坚固厚实的城墙。墙高约12米,周长32千米,四面共设12座城门。其中,未央宫约5平方千米,占全城面积1/7;长乐宫约6平方千米,占全城面积1/6。宫殿群占去城内绝大部分地面。其余便是官员府第,民居与市场则集中在城北。这里就成了汉代京都长安。京师普通百姓,则聚居于城外。汉武帝时,国力增强了,又在漓水西岸兴建了豪华的建章宫。此宫千门万户,未央宫、长乐宫也无法与之相比。丝绸之路开通后,长安成为东方世界的一个国际都会,专门建成一条蛮街,供来华经商或定居的各国商贾侨民及国内少数民族人士居住。这座100万人口的都会,日益显得繁华。

长安的人口构成极为复杂。首先,皇室宗亲、贵族官僚、功臣名将及他们的大量的依附人口,都聚集在京师,满足这些人的生活需要,首先是交通需要成为一个艰难的课题。同时,汉中央政府为了削弱地方实力,又多次把各地的豪强地主、巨商大贾迁入京师,置于自己的直接监理之下。于是这些人便集结起来,形成一个个越来越大的势力圈,给长安的社会管理带来了巨大的困难。另外,从各地抽调来京的守卫部队及各项工程建设人员,各地至京求业、求学、求官的人员,旅游观光的人员,因各种原因而浮浪至京的三教九流,加上国外来华出使、经商、谋生、观光、留学的人员,真是"五方错杂,风俗不纯","郡国辐辏,浮食者多"(《汉书·食货志》)。这就构成了一支庞大的消费群体,也为长安带来繁巨的交通管理任务。要把长安的交通办好,谈何容易!对此,汉朝廷从都市建设、交通建设、道路管理、安全禁卫等方面,采取了一系列的对策,力图维持一个良性的社会秩序与交通秩序。宏观地看来,汉代都市交通管理还是有力有效的,不过问题也确实不少，有时甚至十分严重。

长安的整体布局，是适应交通及其管理的需要的。长安城建筑配置方正严整，街衢巷陌，平直通达。8条主要街道贯通全城，宽广平坦，均与城门相连；城外护城河上的大桥，与道路等宽，人行其上，不觉其为桥。大桥与城外大道相衔接，通达内外。每条街道，都由3条并行大道组成。其贯通南北的中心大街，全长5千米，幅宽50米，称为驰道。驰道中央7米路面，是供皇帝专用的御道，任何人不得任意跨越，更不得行于驰道中央。御道两侧，各有5米宽的旁道，供官府车马行走。旁道外侧，开挖排水沟，沟沿栽植榆、槐与青松，形

长安城整体布局模型

成绿色林带。林带外侧，又有各宽 13 米的便道，供公众使用，规定左出右入，就是说，车马行人一律靠左走。这种街道建制，比起西周的"经途轨制"规定京城通道 16 米的幅宽来，其气魄之大是不可同日而语的。它是秦皇驰道制度的继承与发展。

同时，京师内外街道两侧的公私住宅，又组成一个个的生活小区，名为坊或里。坊有坊墙，四面各长一里，居民住在坊墙里面，不得向大街开门。坊墙四面开有闾门，有专人负责按时启闭。入夜之后，天亮以前，不允许居民在坊外街头从事任何未经允许的活动，实行严格的宵禁。不论白天黑夜，坊内不能进行商贸活动。全城商贾一律集中在指定的市坊中，"日中而市"，不允许走街串巷，随地设置店铺。除逢年过节朝廷特许开放以外，城中不搞公众娱乐活动，没有公众活动场所。这样，偌大一个长安，100 万人口的都会，便呈现着一种兴盛而又安宁的气氛，大街上很少有人流堵塞、人群混乱的情景。

为了便于管理，长安也贯彻"四民分居"的要求，官府衙门集中在一起，居民生活区与商业区严格分开。当时，长安城内有两个商业区，都在城北横门大道两侧。西市占 6 个坊，东市占 3 个坊。城外另有柳市、直市、槐市等，都设在相应的坊里。一个坊市，占地大致为 260 步，其围墙特称为闤；每面开一道门，称作阓；两阛之间有通道相连,称作隧;隧的两侧为列肆（摊位），商品编组分类于列肆出售。列肆背后为市廛,即市场邸舍,为客商存放商货,还有存放车马的场地。阛中设有旗亭楼,高5层,上置旗帜与大籔,用以报时与报警。有当市楼,是官衙委派的市场管理人员的办公地点。他们派人巡视市场,启闭市门,管理物价,管理治安,征收商品及车辆马匹牛骡的租税,所谓"征及马牛"是也。对于在市场内结伙起哄,惊动民众,扰乱秩序者,从严惩处。

如西汉长安的状况,东汉洛阳有过之而无不及。汉人王符《潜夫论》中说:洛阳"举俗舍本农,趋商贾,牛马车舆,填塞道路,游手为巧,充盈都邑"。仲长统《昌言·理乱篇》中也说:"船车贾贩,周于四方。废居积贮,满于都城。"本来,从东周时起,洛阳便因其地处中原腹心而成为繁华的商业都会,经商是洛阳地区的传统特色。东汉洛阳在这方面自然是不亚于西汉长安的。

上述京师城建与管理体制,直到隋唐时都一直保持着,到北宋初才有重大突破。此是后话了。

京师的交通管理,是一项系统工程。我们如果把城门看作点,驰道（中心街道）看作线,居民区看作面,那么,点线面的有机结合,便构成了全城交通管理网。为了对各个部位实施有效控制,从内到外,皇城、京城、外廓、京畿,一圈套着一圈,部署相应的管理力量,进行巡查、禁察、稽征和交通疏理。这样，整个京师地区，便笼罩在一个庞大的交通管理网络之中，任何部位发生问题，都可以作出快速反应，及时处置。

为了进行有效管理，汉朝廷制定了相应的政策法令，如《令甲》《令乙》《厩苑令》之类，确定了城门、街道、坊里的交通管理职官，配备了相应的管理力量，从制度上、组织上给予保证。

城门管理是都市治安管理与交通管理的第一道工序。汉代城门管理由专职官员负责，有专门规定。西汉设城门校尉一职，秩2000石，相当于郡守，由他主持城门的行政管理。又设12名城门侯，各管京城一门，职在城门禁卫，疏理交通，处治事故，还要主管城门启闭、稽查行人，不许外界势力渗入城中，保证京城尤其是皇城的安全。同时，各门均有卫屯兵，由司马统领，在城楼上下巡察驻防，负责城内警卫。城门禁卫的责任是非常重大的，轻忽不得。

汉武帝天汉二年（前99），巫蛊事起，曾命令关闭城门，在城内进行大搜查，来了个一次性搜捕，将所谓违制违法人员一网打尽。汉成帝时，治安形势恶化，"南山盗贼，阻山横行，劫掠良民，杀奉法吏，道路不通，城门至以警戒"（《汉书·王尊传》）。看来，"城门戒严"，"闭城门"也是统治集团常用的警戒措施之一。这是在特殊情况下的一种管理手段，此时百姓的日常交通就受到严重阻碍了。

京师城门侯的工作并不好做。《后汉书·鲍永传》写道：汉光武帝建武十一年（35），皇叔刘良出城归来，进入夏城门中，正和中郎将张邯迎面相逢。时城门中道狭，双方车骑多，无法同时通过。刘良便斥骂张邯，令其退避；又召来城门侯岑尊，斥令岑尊叩首于马前，并令其在前引道数十步方才甘休。当时主管京师地面治安事宜的是司隶校尉鲍永，此人特别耿直。他一听此事，便奏上一本，弹劾刘良目无国家法纪，公然侮辱京城守卫官员，定罪为"大不敬"，给予惩处。朝纲为之肃然。连刘秀本人也说："贵戚且宜敛手，以避二鲍！"（"二鲍"指鲍永与鲍恢2人）幸亏有个鲍永，否则，这帮贵戚，还不知要横行到什么地步呢！

尽管如此，城门禁卫制度还是得认真施行。汉光武帝有一次微服出游，天黑后再回到京城东中门下，便让随从叫开城门。城门侯郅恽在门楼上回话说宵禁是国家法纪，人人都得遵守，我职在依法守卫城门。现在天已黑了，难以辨认，为防异常，我不能开门！随从说可以点上火把，在门缝中验看是谁来了，郅恽仍然坚持"难以辨认"而没有开门。光武帝只好绕道东中门，设法进城。事后，还奖赏了郅恽的严于职守。

除了城门，驰道的管理也受到汉朝廷的特别重视。

驰道制度是秦代形成的，汉承秦制，又有发展。《汉令·乙》规定"骑乘车马行驰道中,已论者没入车马被具","诸使省《制》,得行驰道中,着行旁道;无得行驰道中央三丈(7米)"。

汉哀帝时,司隶鲍宣就曾据上述法令制裁过丞相孔光。时孔光依例去巡查皇家园陵,"以令行驰道中",他的官属也行于驰道之中。鲍宣认为丞相官属无权行驰道中央三丈,于是令手下街卒钩止丞相掾属的车马,使孔光感觉大受屈辱。

大臣不得行驰道中,太子、公主也不得行驰道中。汉元帝有一次因急事召见太子,时太子住在桂宫。他走出龙楼门后,不敢横绝驰道直接去未央宫,便绕道城西的直城门,那里允许横越,"得绝乃度,还入作室门",进了未央宫。汉元帝怪他来迟了,他说明了原因。汉元帝很高兴儿子的守法守制,于是下了一道诏令太子得绝驰道(参见《汉书·成帝纪》)。

对于驰道的这种严格管理,当然是为了保证皇帝的绝对安全,但也未免太过分了。到汉平帝元始元年,即公元元年,国家才下令"罢三辅驰道",在关中京畿地区不再执行这种严厉的禁越规定,不再阻挡臣民车马行于驰道了。从秦始皇起形成的驰道管理体制,这才有了一个大变化。后世除京师主要干道,即直通皇宫的中心大街之中的"御道"的管理从严外,就不再实行秦皇汉武时代的驰道管理方式了。

对于京师的面上管理，汉代在长安设有"长安街尉"一职，其属官有左都侯、右都侯各1人，属吏59人，卫士（街卒）799人。终日巡行街巷，执行交通法令，制止非法通行，保证正常的交通与治安秩序。按照《汉律》的规定：不许住户向大街开门，不许住户侵占街面造屋或种植，不许在民众中走马，不许结队喧呼夜行，当然更不许制造事端，扰乱交通了。然而，敢于无视这一切的，又恰恰是贵戚豪门、官府衙役及其依附者们。权势之家的子弟宾客们的横行不法，尤其令街使、街尉、街头逻卒们头痛：不查禁便是失职，查禁又职卑势单，穷于应付。举例来讲：汉成帝时，权贵骄纵，红阳侯兄弟就藏纳亡命，结交徒隶，以致长安奸猾之徒越聚越多，闾里少年结伙杀人，闹得长安城中"薄暮尘起，剽劫行者。死伤横道，枹鼓不绝"。堂堂汉朝都城，一个国际都会，竟是如此恐怖的情景！在此以前，汉宣帝时，也曾一度出现混乱。宣帝让能人张敞去治理。张敞一打听，才知道长安偷盗有"酋长数人，居皆温厚，出从童骑，闾里以为长者"，就是这伙人在指挥调度全城小偷去活动。经张敞一番究治，"由是枹鼓稀鸣，市无偷盗"。看来，汉代街道是配置了报警的街鼓的，一有情况，鼓声大作，此起彼应，反应很快的。这套设施，对于维护长安的治安秩序还是有些用处的。

持节不屈的西汉功臣——苏武

苏武（前140—前60），字子卿，杜陵（今陕西西安）人，代郡太守苏建之子，西汉朝廷大臣。苏武在汉武帝时为郎，天汉元年（前100）奉命以中郎将持节出使匈奴，被扣留。匈奴贵族多次威胁利诱，欲使其投降，后将他迁到北海（今贝加尔湖）边牧羊，扬言要等到公羊生子方可释放他回国。苏武历尽艰辛，留居匈奴19年持节不屈。在昭帝始元六年（前81），苏武终于回到了长安。第二年，上官桀、上官安父子和桑弘羊被人控告谋反，因苏武和上官父子、桑弘羊关系很好，加上他的儿子也参与其中，苏武被罢官。昭帝死后，苏武因为参与了拥立汉宣帝,被赐爵关内侯。

如果说张骞通西域为我国古代外交事业开创了一个新时代,那么同为汉代著名外交使节的苏武(出使比张骞晚38年),则谱写了一曲正气浩然、不辱使命的壮丽凯歌。

苏武像

1. 奉诏出使

西汉昭帝始元六年(前81)春天,一位汉朝使者从匈奴回到京师长安,此时距他奉命出使已有19个年头,去时正当壮年的他,至此已须发皆白,然去时手持的符节,尽管节旄尽落,却依然拿在手中。这位使者,就是在匈奴历尽艰辛、威武不屈的苏武……

苏武的父亲苏建,汉武帝时以校尉随大将军卫青出击匈奴有功,被封为平陵侯,后任代郡太守。西汉时的选官制度规定：2000石以上的官吏在任满一定年限时，可保举子弟一人为郎，称为任子。苏武与其兄苏嘉、其弟苏贤年轻时均以父任而被任命为郎官。苏武后逐步升迁，官至移中厩监（掌鞍马鹰犬射猎器具之官）。汉武帝天汉元年（前100），苏武奉武帝之命出使匈奴，孰料此去竟经历了不平凡的19个春秋。

苏武出使的匈奴，是活动于我国北方大草原上的一个古老的游牧民族。最晚到战国晚期，匈奴已进入奴隶制社会。早在公元前4世纪末，匈奴贵族就经常利用其骑兵行动迅速的优势，深入中原，对以农业为主的内地各族人民进行骚扰掠夺。当时与匈奴为邻的秦、赵、燕等国因正忙于兼并战争，一般对匈奴都采取守势。秦始皇统一六国后，为了解除匈奴的威胁，曾派蒙恬率兵30万北伐匈奴，收复了被匈奴占领的河套以南地区，并在这一地区设置郡县，移民实边，同时又修了西起临洮、东到碣石的万里长城，一度遏止了匈奴的入侵。但在楚汉战争之际，匈奴贵族趁内地战乱，东破强胡，西驱月氏，北征丁零。坚昆请部，南并楼烦、白羊等族，控制了中国北部、东北部和西北部广大地区，拥有"控弦之士十余万"（《汉书·匈奴传》），成为北方最强盛的民族。

西汉政权建立后，匈奴的势力已延伸到今山西、河北的北部。匈奴贵族为了掠夺奴隶和财富，经常凭借其骁勇善射的骑兵侵扰汉朝的北部郡县。汉高祖七年（前200），匈奴发兵攻入山西中部，将汉高祖刘邦围困于平城白登山（今山西省大同市东北马铺山），汉高祖刘邦用陈平之计，重赂冒顿单于的阏氏（夫人），才得突围。当时，由于刚刚建立起来的西汉政权还不巩固，遭到战争破坏的经济亟待恢复，无论在军事上还是在经济上，都尚未具备与匈奴作战的能力，所以在"平城之围"后，刘邦只好采纳了娄敬（又名刘敬，刘邦赐他刘姓）的"和亲"建议，即把汉朝宗室之女嫁给匈奴单于，每年送去大批絮缯酒食等物，并与匈奴约为兄弟，欲以这种妥协退让政策换取汉朝与匈奴之间的和睦关系。

此后，在西汉前期的六七十年中，汉朝政府一直都采取这种"和亲"政策。但是，每次"和亲"只能换来短暂的和平，却不能彻底阻止匈奴贵族对汉朝的侵扰，他们仍然不时进犯汉境。一直到汉武帝即位以后，这种情况才有了改变。

在汉武帝即位之后，随着社会经济的恢复发展和政治、军事力量的增强，汉朝对匈奴的政策发生了根本的改变。到武帝时期，汉朝已经过六七十年的休养生息，经济实力空前雄厚。在政治上，经过对诸侯及地方割据势力的不断打击，中央集权日益巩固。在军事上，文景时期的实边政策，使边防力量有所加强，公私马匹的大量增加也给建立大规模的骑兵创造了条件。总之，汉朝反击匈奴贵族的条件已完全成熟。于是，汉武帝决心对匈奴的侵扰实行反击，以求消灭其有生力量，从根本上解除匈奴对汉朝的威胁。

自汉武帝元光二年（前133）至元狩四年（前119），汉朝与匈奴先后进行了十多次战争，其中带有决定性的大规模战役有3次。第一次战役发生在元朔二年（前127）。这年，匈奴侵入上谷（今河北怀来）、渔阳（今北京密云县），杀掠吏民1000余人。汉武帝派将军卫青、李息从云中（今内蒙古托克托旗）出兵，沿黄河北岸西进，击败匈奴楼烦王和白羊王的军队，收复了河套地区的"河南地"，从而解除了匈奴对长安的威胁。

第二次战役发生在元狩二年（前121）。这年春天，将军霍去病奉命从陇西出兵，越过焉支山（今甘肃山丹县东南胭脂山）1000余里，与匈奴血战于皋兰山下，斩杀匈奴折兰王、卢侯王，俘虏浑邪王之子及相国、都尉等大小首领，歼敌近9000人，还缴获了体屠王的祭天金人。同年夏，霍去病又第二次西征，越居延泽（今内蒙古居延海），攻至祁连山，大破匈奴军，歼敌3万余人。在汉军的接连打击下，匈奴贵族内部也发生了分裂，浑邪王率部4万人投降了汉朝。这次战役使整个河西走廊全部控制在汉朝的势力范围之内。此后

"金城、河西并南山（今祁连山）至盐泽（今罗布泊），空无匈奴"（《汉书·张骞传》）。汉朝的西部边郡得以安宁。

第三次战役发生在元狩四年（前119）。元狩三年（前120），匈奴贵族又从右北平（今河北平泉一带）、定襄（今内蒙古和林格尔）二郡入侵，杀掠1000余人。为彻底消灭匈奴主

卫青像

力，汉武帝决定集中兵力深入漠北进行反击。于是次年派卫青与霍去病各率5万骑兵，分别从定襄、代郡出兵，远征匈奴。卫青率西路军越过沙漠北进500余千米，大败匈奴伊稚斜单于所率主力，直追至赵信城（今蒙古杭爱山下）。霍去病的东路军则深入1000余千米，同匈奴左贤王接战，斩获7万余人凯旋。这次战役，是汉武帝时期对匈奴打击最为沉重的一次，从此以后匈奴再不敢贸然进犯，向北远遁，"而幕（漠）南无王庭"（《汉书·匈奴传》）。

经过3次大战的打击，匈奴的力量大大削弱，已

无力大举南下。汉朝由于在几次战役中消耗了大量人力、物力，也亟须休战。因而双方基本上停止了大规模的战争，并且都有和好的意愿。在苏武出使匈奴前的十多年间，双方曾多次互派使者，以试探通好。但由于双方各坚持于己有利的条件，因而不仅未达到和好的目的，派出的使者也往往成为对方的人质。汉朝的使者前后有郭吉、路充国等十几批被匈奴扣留，作为报复，汉朝也扣押匈奴使者以相抵抗。

汉武帝太初四年（前101），汉武帝因西域的大宛国（今中亚地区费尔干纳盆地）劫杀汉朝使者，命将军李广利率大军远征大宛，取得大胜。这一胜利，使又开始骚扰汉朝边境的匈奴受到震动。当时匈奴且鞮侯单于刚刚即位，因怕汉军来击，便假意对汉表示卑谦，声称："我儿子，安敢望天子！汉天子，我丈人行（父辈意）。"（《汉书·匈奴传》）并将以前扣留的汉朝使者，凡未投降匈奴的尽行放归。汉武帝十分赞许新单于懂得道理，于是决定派出使团，护送留在长安的匈奴使者返回匈奴王庭，同时携带厚礼答谢单于的善意。苏武就是在这种形势下奉诏出使的。

汉武帝天汉元年（前100），刚过40岁的苏武，以中郎将使持节的名义，肩负着汉匈和好的重要使命，与副使张胜、常惠率领着100余名随行人员离开长安，踏上了去往匈奴的漫漫长路。

2. 被扣匈奴

苏武一行抵达匈奴后，向且鞮侯单于送上丰厚的礼品。但且鞮侯单于的态度却让汉朝使者大失所望，对苏武等人十分傲慢无礼，并没有表现出与汉朝和好的意愿。就在苏武一行准备返朝复命之际，一场意料不到的事件发生了。

原来，匈奴浑邪王姐姐的儿子缑王，曾随浑邪王降汉，后又因随汉军作战失利而降归匈奴。在苏武到达匈奴之时，缑王正与流落于匈奴的汉人虞常及随原汉使卫律投降匈奴的一些人密谋，欲劫持单于的母亲阏氏作为人质，复归汉朝。虞常在汉时，原与副使张胜是朋友，因而在苏武率领使团到匈奴后，虞常便把这一计划告诉了张胜，并说："听说汉天子十分怨恨卫律，我能为汉朝将他射杀。"张胜未将此事报告苏武，竟私自同意了虞常的计划，并拿出部分财物进行资助。一个多月后，单于外出狩猎，只有阏氏与单于子弟留在驻地。缑王、虞常等70余人便准备趁此机会行事。不料其中一人反悔，半夜逃出，报告了单于子弟。于是单于子弟举兵先发制人，结果缑王等人皆战死，虞常被生擒。

单于得知后，命令卫律追查此案，张胜闻之，才不得不向苏武报告了自己与此事有牵连。苏武知此事非同小可，说道："事情如此，必定连及于我。作为朝廷使臣，受到匈奴侵犯，然后才死，有损汉朝威严。"说罢，便欲自杀。张胜、常惠等随员见状，连忙阻止，经苦苦相劝，苏武方作罢。

果然，虞常在审讯下招供出张胜。单于闻此案与汉使有牵连，十分震怒，便马上召集诸匈奴贵族商议，准备杀掉汉使。但左伊秩訾王进言说："谋杀卫律即处以死刑，如谋害单于，其罪将何以复加？不如乘此机会，迫使汉使投降。"单于甚觉其言有理，便命卫律前去迫降。而苏武在卫律面前，宁死不降，厉声正告随员们道："屈节辱命，虽然活着，又有何面目回到汉朝！"说罢，便拔出佩刀，刺进自己的胸膛。卫律大为惊骇，慌忙上前抱住苏武，并命人驰马召医，前来抢救。医者赶来后，急忙在地上凿出一土坎，里面燃起火，将苏武面部朝下覆于坎上，并在其背部连连蹈踩以出淤血。就这样抢救了半日，苏武才重新有了呼吸。苏武宁死不辱使命的高尚气节，震动了匈奴上下，匈奴单于也不得不表示钦佩，于是只逮捕了张胜，而将苏武放回营中，并时常派人前去问候，欲再寻找机会，使他投降。

随着苏武的伤势逐渐痊愈，匈奴单于又开始派遣使者劝说苏武投降。被苏武严词拒绝后，单于又生一计，准备借处决虞常之机，以死来威胁苏武。于是便派卫律亲自出面,将苏武等人带到处决虞常的现场。虞常被处决后,卫律随即宣布:"汉使张胜谋杀单于近臣,按罪当死。但单于有令,愿降者可赦免其罪。"并举起剑来,做出欲杀汉使的样子。原先因违犯使命而招致此祸的张胜,这时却被吓破了胆,立即跪倒请降。但苏武仍大义凛然,不为所动。卫律又言道:"副使有罪,正使按律当连坐。"苏武则驳斥说:"我本未参与谋划此事,并与他们非为亲属,又何有连坐之理?"卫律又举起剑来,再次做出要杀苏武的样子,然苏武早已把生死置之度外,依然安坐不动。见不能以死相胁,卫律马上改变态度,劝说苏武道:"苏君,我卫律本是背弃汉朝而降归匈奴的,但有幸蒙受大恩,被匈奴封为丁零王,今已拥有部众数万,马畜满山遍野,富贵如此。苏君今日如果降归匈奴,明日也会如我一样。否则,白白死于此地,以身躯化作草野之肥,以后谁又会想到你呢?"见苏武端坐不应,卫律又接着说道:"苏君如果听我劝告而降,我便与你结为兄弟。如果不听我的建议,日后虽想再见到我,还能办得到吗?"然而卫律话音刚落,苏武便起身怒骂道:"汝为人臣子,不顾恩义,畔(叛)主背亲,为降虏于蛮夷,何以汝为见?"(《汉书·李广苏建传》)他对卫律说,"如今单于信任你,使你决断我等生死,你却不能以公平之心主持公道,反而欲借此机会挑起两方君主相斗,坐见成败。你须知妄杀汉朝使者造成的灾祸：南越因杀汉使，被汉朝诛灭；宛王因杀汉使，其头被悬于汉宫北阙；朝鲜因杀汉使，汉亦派兵征讨。如今只有匈奴尚未至此。你明知我不肯降，却多方威胁利诱。我死不足惜，但匈奴之祸恐怕就要从我死开始了！"苏武一番痛骂，使卫律哑口无言，但没有单于的命令，也不敢擅杀苏武，只好如实向单于汇报（参见《汉书·苏武传》）。

匈奴单于知苏武面对威胁利诱均不肯降，不禁大为赞叹，更想使他投降。于是命人把苏武囚禁在曾经用来装米的空窖之中，并断绝其饮食，想以此消磨他的意志。适值天降大雪，苏武就在窖中靠吞雪与毡毛充饥。凭借着这种坚强意志和不屈精神，苏武竟数日不死。单于对此大惊，以为有神灵护佑，不敢再伤害他。单于又下令将苏武迁至北海（今贝加尔湖）无人处放牧羝羊（公羊），苏武的属员常惠等人则被分别安置在各处。

茫茫北海，一望无际，人迹罕至，生存条件本就十分恶劣。然匈奴为了迫使苏武屈服，竟在把他送来后，断绝供给食物和生活必需品。苏武独处荒原之上，昼牧群羝，夜宿破帐，平时不得不常靠挖掘野鼠洞穴中储存的草籽充饥。但是任何困苦都没有丝毫动摇苏武对汉朝的忠心，出使时所持的代表国家尊严和使臣使命的符节，他始终不肯扔弃，白天带着它牧羊，夜晚挟着它睡觉。日复一日,年复一年,苏武仍紧握不放,以表示不辱使命之坚贞意志。

五六年后,匈奴贵族於靬王带领部众打猎来到北海,见到苏武在如此恶劣的条件下仍威武不屈,顽强地生活着,不由对他产生了几分敬意。苏武本有一手编结打猎所用的网缴和矫正弓弩的技术,便在这时传授给於靬王,因而更受於靬王的敬爱,时常送给他一些衣食用具。就这样,苏武的生活才有所改善。又过了3年多,於靬王生病,自知将不久于人世,于是又赠送给苏武一些牛羊及帐幕用具。不久,於靬王病死,其部落民众远徙他处。而就在当年冬天,丁零人盗走

苏武牧羊雕像

了苏武的牛羊，使他再度陷入困境。

3. 词羞李陵

就在苏武被匈奴扣留的第二年，其故人李陵也来到匈奴。

李陵，字少卿，汉陇西成纪（今甘肃省秦安）人，是汉朝著名将领"飞将军"李广的孙子。李陵善于骑射，谦让下士，颇有名誉，曾奉武帝之命率领800余骑，深入匈奴1000千米，武帝认为他颇有其祖李广之风，回师后官拜骑都尉，使率精兵5000人，在酒泉、张掖防御匈奴。天汉二年（前99），武帝决定再次向匈奴发起进攻，派将军李广利率3万骑兵出酒泉，命李陵负责后勤，运输粮饷。李陵请求自率一队人马与匈奴作战，武帝同意其请，并命令强弩都尉路博德半道接应。但路博德不愿为李陵做援兵，李陵只得自率步兵5000人，孤军深入。李陵军从居延出发，北行30余日至于浚稽山下，与单于率领的兵众相遇。匈奴3万余骑兵将李陵所率的5000步兵围住，但李陵布阵严密，千弩俱发，将敌兵击退，并追杀数千人。单于大惊，又急召8万余骑兵增援。李陵率兵且战且退，退至山谷中，又斩杀匈奴数千人。最后，50万矢皆尽，兵士只有以砍下的车辐、刀尺充作武器，与匈奴拼斗，败局已无法挽回。李陵原欲自杀，后又想若能有幸脱围，回朝后也好向武帝报告战况，于是令兵士准备干粮饮水，相约突围至遮虏障会合。夜半时分，李陵率壮士十余人突围，又被数千匈奴追上，团团围住。经一番血战，李陵环顾部下已所剩无几，于此生死关头，李陵终未能自保名节，声言"无面目报陛下"，投降了匈奴。

李陵降匈奴后，单于因他作战勇猛，颇为赏识，把女儿许配给他为妻，并封为右校王，每有大事，常召他商议。汉武帝得知后，则诛杀了李陵的母亲、妻子，李陵虽然在匈奴颇为尊贵，但与苏武誓死不降相比，终自感羞愧，因而一直不敢去见苏武，直到十几年后，因奉了单于劝降之命，才不得不前去见苏武。

李陵来到北海，为苏武置酒设乐。苏武念旧时情谊，未便拒绝。宴饮之间，李陵终于把话题转到劝降上来，对苏武说："单于听说我与你一向交厚，因而使我来劝说于你，如今你被扣匈奴，终不能回到汉朝，白白自苦于这无人之地，你虽讲求信义，而又会有谁知道呢？"接着，李陵又说到苏武出使匈奴后，家中所发生的变故。原来，在苏武离开长安后，家中连续发生了一系列的不幸。苏武的哥哥苏嘉官任奉车，随武帝到雍城棫阳宫时，因扶辇车下驰道时车辕被柱子碰断，结果被弹劾为大不敬罪，被迫自杀。官任骑都尉的弟弟苏贤，在随武帝到河东祭祀后土时，黄门驸马与宦骑争船,被推入河中淹死,武帝令苏贤捕拿宦骑,因未拿获,苏贤亦因怕获罪而服毒自杀。苏武的老母也已去世,而妻子则已改嫁他人。家中仅存的妹妹2人和子女3人,十多年中亦生死不明。说完这些不幸之事,李陵又劝道:"人生如同朝露,你为何自苦如此?我刚降匈奴时,也是心中恍惚,如癫如狂,自痛有负汉朝,且当时我老母尚在,被朝廷拘押。而今你家中已无人顾念,不欲降之情,何以超过我呢?又者,今陛下年事已高,法令无常,大臣无罪而被诛杀者多达数十家,即使在汉朝为官,安危亦不可预料,你还又为谁出力呢?"

苏武自来到匈奴,对家中之事全然无闻,此时闻知母死妻嫁,兄弟俱亡,不禁潸然泪下,悲痛万分,但誓死不降的决心丝毫没有动摇,他忍着悲痛回答李陵道:"武父子亡(无)功德,皆为陛下所成就,位列将,爵通侯,兄弟亲近,常愿肝脑涂地。今得杀身自效,虽蒙斧钺汤镬,诚甘乐之。臣事君,犹子事父也;子为夫死,亡(无)所恨。愿勿复再言!"(《汉书·李广苏建传》)

李陵见苏武的决心难以动摇,只好暂时忍住,一连在北海停留数日,天天与苏武饮酒,欲再找机会相劝。一天,李陵又劝苏武一定要听劝告。苏武见他仍不死心,便愤然作色道:"我已久有必死之志,王如必定要使我降,我便死在你的面前。"李陵见苏武仍坚贞不屈,且

现在的北海

已不念旧情而改称自己为王,不禁满面羞愧,喟然长叹道:"嗟乎,义士!陵与卫律之罪上通于天。"李陵"因泣下霑衿(沾襟),与武决(诀别)去。"(《汉书·苏武传》)

李陵辞别苏武后,有意对苏武的生活私下帮助,但又羞于亲自出面,便让其妻送给苏武几十头牛羊。不久,苏武又娶了一位匈奴女子为妻,生活又有所好转。

后元二年(前87),李陵再次来到北海告诉苏武汉武帝已去世的消息,苏武面向南方放声痛哭,以致呕血。此后数月,仍按君丧之礼早晚哭泣示哀,不忘身为汉臣。

4. 重返故国

苏武身陷匈奴,困居北海,此生还能否回到汉朝,完全取决于汉匈关系能否改善。然而在他被匈奴扣留的第二年，汉朝与匈奴又重开战局，此后终武帝之世，汉朝在与匈奴的战争中虽然有些小胜，但总的来说，已不能保持前一时期的优势，反而不断失利。因此匈奴对汉朝的态度又渐渐强横起来。武帝末年，匈奴曾遣使致书汉朝，声称："南有大汉，北有强胡。胡者，天之骄子也，不为小礼以自烦。"同时还要求"娶汉女为妻，岁给遗我蘗万石，稷米五千斛，杂缯万匹"(《汉书·匈奴传》)。汉朝则不答应这一要求。在这种形势下，苏武自然难以被放回汉朝。

但是，长期的汉匈战争，毕竟使匈奴受到沉重的打击。汉武帝时期几次大的战役"汉兵深入穷追二十余年，匈奴孕重堕殰，罢（疲）极苦之"(《汉书·匈奴传》)，又失去阴山、河南水草丰盛的牧场，损失极大，以致"兵数困，国益贫"，"民众困乏"（同上）。而长期的战争，也使得匈奴内部的矛盾加深，"百姓未附"，"国中多不安"（同上），匈奴贵族内部的矛盾亦日趋尖锐。这一切都说明匈奴政治、经济、军事实力已大大衰落，渐失向汉朝主动进攻之力。

汉武帝太始元年（前96）匈奴且鞮侯单于死，由其子狐鹿姑单于继立。汉昭帝始元二年（前85）狐鹿姑单于死前，遗命立其弟右谷蠡王为单于。但在狐鹿姑死后，颛渠阏氏与卫律未遵遗命，而将狐鹿姑之子立为壶衍鞮单于。右谷蠡王与左贤王等因此心怀不满，先是打算投归汉朝,后又准备降服乌孙国以击匈奴,最终由于事情泄露,二王各自居本处,不再会匈奴的龙城之祭。

由于匈奴内部发生分裂,实力更加衰弱,因而壶衍鞮单于即位之后,就有同汉朝"和亲"之意。同时又常常害怕汉朝来袭,故又在其辖区内筑城、治楼、藏谷,以防汉军的进攻。后又担心匈奴人不能守城,只得进一步试探与汉朝通好、讲和。于是汉匈之间关系才得以缓和。

虽然汉朝与匈奴的关系有了缓和,但匈奴仍然不肯释放苏武回国。在双方使者往来之时,汉朝曾多次向匈奴索要苏武等被扣汉使,而匈奴每每诡称苏武早已死去,搪塞汉朝。后汉使又来到匈奴,常惠得知消息,设法说通了看守的匈奴人,在夜间秘密见到汉使,才说明了实情。为防匈奴仍以诡言相欺,常惠又教汉使编造一个故事:说皇帝在上林苑中射得一雁,雁足系有帛书一封,上写有苏武在荒泽之中。使者闻听大喜,即按常惠所教责备单于欺诈。单于见汉使已知实情,大吃一惊,不得已才承认苏武还活着,并同意放苏武等人回国,以表示与汉朝通好之意。至此,苏武才离开了他放牧19年的北海荒原。

得知苏武即将回国,李陵又来见苏武,置酒相贺。李陵想到苏武历经19年艰辛,始终坚贞不屈,今日终于得以返回故国,而自己却身为叛臣,只能久处异域,负千古罪名,愧疚之情油然再起。于是对苏武说道:"足下今得以归国,扬名于匈奴,功显于汉室,即使古时史册所载,丹青所画,又何以比过足下!我虽然驽钝怯弱,但当初降归匈奴实为权宜之计,而心中未忘寻找一适当的时机来报效汉朝。假如汉朝当初宽大我降敌之罪,保全我老母,我亦会像春秋时鲁之曹沫在柯地之盟时劫持桓公,索回侵地那样伺机劫持单于,使其服汉。然汉朝诛杀了我老母及全家,为世之大辱,我尚复何顾呢?事已至此,无时挽回,今说到这些,不过是想使你知道我的心罢了。异域之人,从此与你长别了。"李陵说罢离座起舞。随之泣下数行,与苏武诀别而去。

李陵说自己投降匈奴后原准备伺机报汉,因汉朝将其老母处死才未付诸行动,自然是遁词,但也能看出苏武的不屈精神,确实使他深感愧疚。

传世有《李陵与苏武诗》3首。

其一曰:

良时不再至,离别在须臾。屏营衢路侧,执手野踟蹰。仰视浮云驰,奄忽互相逾。风波一失所,各在天一隅。长当从此别,且复立斯须。欲因晨风发,送子以贱躯。

其二曰:

嘉会难再遇，三载为千秋。临河濯长缨，念子怅悠悠。远望悲风至，对酒不能酬。行人怀往路，何以慰我忧。独有盈觞酒，与子结绸缪。

其三曰：

携手上河梁，游子暮何之。徘徊蹊路侧，悢悢不得辞。行人难久留，各言长相思。安知非日月，弦望自有时。努力崇明德，皓首以为期。（转引自林剑鸣《秦汉史》上册）

这3首诗大概是后人假托李陵而作，但所刻画的李陵一失足成千古恨的难过心情当不为虚。

昭帝始元六年（前81）春，苏武终于回到阔别19年的京师长安。当初随他出使的属员100余人，此时

长安（现西安）城楼一角

仅剩下9人随他而归。

5. 精神激励后人

苏武回到长安后,作为褒奖,昭帝特命他用隆重的"太牢礼"(牛羊猪三牲)到武帝陵庙报告自己的归来,并官拜典属国,赐钱200万,公田2顷,宅第一处。然时隔一年,苏武竟受到一场意想不到的政治斗争的牵连。

原来,在汉昭帝即位后,同受武帝遗诏辅政的霍光、上官桀、桑弘羊几位大臣之间矛盾颇深。左将军上官桀因大将军霍光权在己上,对霍光心怀嫉恨,御史大夫桑弘羊也因政见不同,对霍光不满。而与上官桀之子上官安来往密切的武帝长女鄂邑盖长公主,则因其男宠丁外人封侯拜官之事为霍光所阻,也怨恨霍光,昭帝之兄燕王刘旦亦怀有野心,欲谋取皇位。于是这些反对霍光的势力便与燕王旦勾结,准备除去霍光。元凤元年(前80),上官桀等暗中为燕王上书,向昭帝控告霍光过失,为说明霍光"专权自恣",书中说到苏武扣于匈奴近20年不降,回来仅官拜典属国,而霍光的下属长史无功却官任搜粟都尉。因此举未能成功,上官桀等又密谋刺杀霍光,废黜昭帝而迎燕王为帝,结果事情败露。苏武本与这场政治斗争无关,但因其子苏元涉于此事,而他素与上官桀、桑弘羊有旧,控告霍光的奏疏中又曾为他鸣冤,问此廷尉上书,奏请将苏武逮捕治罪。幸而霍光不欲连及苏武,将奏疏扣而不发,只罢免了他的官职。其子苏元则被处死。

苏武虽然被免去官职,但仍心系国事。元平元年(前74),昭帝病死,无有子嗣,苏武以故2000石的身份参与了拥立宣帝之议。宣帝即位后,封苏武为关内侯,后来又官复典属国,并念他曾历尽艰辛而不辱使命,特加"祭酒"之号,以示优宠。朝中大臣亦都对他十分敬重。苏武晚年,宣帝怜其无后,听说他从匈奴返回时,他的匈奴妻子刚生一子,现已成人,于是特派使者持金帛前去将此子赎回,拜为郎官。宣帝神爵二年(前60),苏武病逝,享年80余岁。

苏武逝世10年后,即汉宣帝甘露三年(前51),南匈奴呼韩邪单于率众归属汉朝(当时匈奴已分裂为南北两部),从而结束了匈奴与汉朝之间100余年的战争状态。汉宣帝为此追忆有功之臣,特命将11名功臣的相貌画在未央宫的麒麟阁中,以接受后人纪念。苏武即在其中。

苏武出使匈奴,在威胁利诱之下所表现出的坚贞不屈精神,在我国历史上留下了光辉的一页。东汉史学家班固在《汉书》中专门为他立传记载他的生平事迹,并在"赞"中引用孔子的话赞颂他说:"'志士仁人,有杀身以求仁，无求生以害仁'，'使于四方，不辱君命，'苏子有之矣！"他的动人事迹和不屈精神，对后世产生了深远的影响。南宋抗元英雄、著名文学家文天祥在抗元失败被俘后，坚持民族气节，不受威胁利诱，在狱中写下《正气歌》，其中就有"在汉苏武节"之句，以苏武的事迹勉励自己，表明宁死不降之志。近代以来广为流传的《苏武牧羊》歌，更激励着中华民族无数志士仁人。

延伸阅读

唐蒙入使夜郎国的故事

唐蒙，西汉官吏，汉武帝时，初为番阳令，曾上书建议开通夜郎道，被任为中郎将，奉命出使夜郎（今贵州六盘水毕节一带），以厚礼说服夜郎侯多同归顺汉朝。汉在夜郎置犍为郡，因修路致士兵死伤无数。唐蒙在途中发现了美味的"枸酱"（后来的茅台）酒，将之献于汉武帝，汉武帝十分喜爱这种酒，当时就将其定为朝廷贡品。清代诗人陈熙晋写道："尤物移人付酒怀，荔枝滩上瘴烟开，汉家枸酱知何物，赚得唐蒙习

部来。"唐蒙还著有《博物记》一书。明代文学家杨慎（1488—1559）所著《丹铅总录》卷十一称："汉有《博物记》，非张华《博物志》也。周公谨（宋周密）云，不知谁作。考《后汉书》注，始知《博物记》为唐蒙作。"《博物记》多采晋以前典籍中的材料，其内容包罗万象，有山川地理知识，有历史人物传说，有奇草异木，也有珍禽怪兽，还有神仙方术，其中也保存了不少古代神话资料。在解释社会和自然现象方面，引入了当时已基本完善的阴阳五行学说。后人著述多引用《博物记》之内容，刘昭《续汉志注·律历志》引《博物记》1条，《舆服志》引《博物记》1条，《五行志》引《博物记》2条，《郡国志》引《博物记》29条。《齐东野语》引其中日南野女1条，裴松之《三国志》注引《博物记》4条，《魏志·凉

夜郎国遗址

茂传》引《博物记》1条。

西汉王朝经过汉初约 70 年的休养生息后，府库充实，国力强盛。正如《史记·平准书》所说："汉兴七十余年之间，国家无事。非遇水旱之灾，民则家给人足；都鄙廪庾皆满，而府库余货财。京师之钱累巨万，贯朽而不可校；太仓之粟陈陈相因，充溢露积于外，至腐败不可食。"国家物质丰富，这就为西汉王朝的积极开拓，准备了充实的物质条件。汉武帝雄才大略，在北伐匈奴、西通西域的同时，还积极进行开发西南的准备工作。

汉武帝即位后，广袤的南越（即南越国，疆域包括今天的广东、广西大部，福建、湖南、贵州、云南的部分地区和越南的北部）实际上不为汉朝所控制，于是在建元六年（前 135），派唐蒙再出使南越，目的在于制服南越。但从长沙郡、豫章郡去往南越的水路十分难走。唐蒙了解到可以借助夜郎的地理优势和"十万精兵"以征服南越。于是回长安禀明武帝，得到武帝的支持，遂改道出使夜郎。自古以来，蜀地地势险要，道路南行，要去往夜郎，先要打通从今四川乐山通往宜宾的道路。在耗费了巨大的人力财力之后，这条路终于打通。

不久，唐蒙来到夜郎，会见夜郎侯多同。唐蒙所带领随从者 1000 人，运送粮食、辎重的人员达 1 万余人,一方面以厚礼赠予多同,希望他归顺汉朝,一方面又以汉王朝的势力相威胁。最后多同同意归顺,双方达成协议。西汉王朝新设犍为郡,夜郎包含在郡内,郡分12县:僰道、江阳、武阳、南安、资中、符、牛鞞、南广、汉阳、郁䣕、朱提、堂琅。多同之子也被任命为县令。

这12个县中,只有南广、汉阳、朱提、堂琅、郁䣕5县在夜郎地区。汉武帝还在汉阳设立都尉治所,任命唐蒙为都尉,以加强对南夷地区的控制。

为了巩固在夜郎地区的统治,防止不测,设立犍为郡后,唐蒙修通了"南夷道",即从今四川宜宾通往贵州赫章可乐、云南宣威的道路。这条路的修筑,一方面使夜郎地区各族与巴、蜀和中原的联系便捷了许多;另一方面,也大大加强了汉朝对夜郎地区的实际控制力和经济文化影响力,加快了当地社会的变化。夜郎地区长期对外封闭,习惯于小国寡民的社会形态,而汉朝统一的中央集权体制,与他们原有的政治体制形成冲突,因此当地和汉朝摩擦不断。此外,为了修筑"南夷道",汉朝政府征发了大量巴、蜀青壮年从军修道和运输粮饷,造成巴蜀地区百姓交困,民众死伤无数,一时怨声四起。

对于巴蜀百姓来说,汉朝军队的到来是一场灾难,修筑"南夷道"带来的沉重徭役,使他们原本相对安定的生活荡然无存，他们开始对汉朝充满怨恨。随着怨言的愈演愈烈，汉朝政府不得不采取措施以安抚民心，稳定局势。汉武帝派司马相如到夜郎责罚唐蒙，并告谕巴、蜀民众，修筑南夷道为唐蒙意，而非汉朝廷所令，局势稍微缓解。不久后，唐蒙将南夷道修通，而处于今四川西昌、雅安一带的邛、筰等部的君长，也因为夜郎归服汉朝后得到很多赏赐，纷纷表示愿意效仿夜郎，归顺汉朝。汉武帝大悦，很快任司马相如为中郎将，命其携大量财物去接受邛、筰、冉駹、斯榆等地的归顺。

但是，这一系列措施只能是暂时、表层性地缓解问题，并没有根本解决汉朝与夜郎等地方统治者之间的矛盾。不久，西南等部数次谋反，汉朝倾力镇压，耗费巨大，却几无成效。此后，汉朝多次设法解决西南夷问题，然而一直未能如愿。元朔三年（前126），与匈奴战事危急，为全力对付匈奴，汉王朝不得不放弃对邛、筰等西夷地区的经营，只在南夷地区设置南夷、夜郎两县一都尉，令犍为郡加强防卫自保。此时，都尉治所仍然设在汉阳。

张骞出使西域时，曾在大夏（今阿富汗北部）见到通过身毒（今印度）转贩而去的"蜀布、邛竹杖"。元狩元年（前122），张骞回到长安，向武帝奏报此事，并建议探寻这条民间商道，以保证与西域各国的联系。

南越国宫苑遗址

武帝听从了这一建议,派人寻求这条通道。西南小国长期未与外界接触,自尊为大,如滇王尝羌曾问"汉与我孰大孰小",夜郎国统治者也曾问过类似问题,留下了"夜郎自大"的典故。

元鼎六年(前111),南越国政为丞相吕嘉所把持,南越王赵胡被吕嘉要挟反汉,汉朝分几路进兵讨伐南越,同时又征调巴、蜀士兵攻打南越。面对汉朝强大的势力,夜郎被迫出兵。且兰(且兰古国辖今贵州黄平地区)统治者却抗命反叛,竟然杀了汉朝使者和犍为太守。经过激战,几路汉军灭掉南越,且兰也为驰义侯率领的巴、蜀士卒连同同行的夜郎军队所灭。之后，夜郎侯入朝，被汉王朝封为夜郎王。

汉朝平定南夷之乱后，进一步加强了这一地区的管理，犍为郡的东及南部被分出，重设牂柯郡，辖17县：古且兰、镡封、鳖、漏卧、平夷、同并、谈指、宛温、毋敛、夜郎、毋单、漏江、西随、都梦、谈藁、进桑、句町县。郡会大约在今贵州安顺。

设牂柯郡后，原犍为郡辖地大部分分割至牂柯郡，面积大大缩小，除朱提、堂琅县外，基本上只包括今川南从原蜀郡和巴郡划出的部分。新建牂柯郡的17县中，夜郎县前已设置，古且兰设在且兰故地，句町、谈指、鳖以夜郎旁小邑所在地设置，平夷、漏江、宛温三县，是从原且兰、夜郎、漏卧地域分出，而西随、都梦、进桑三县，则在原南越役属的西瓯、雒越人居住地区（今岭南地区）设置。

东汉著名政治家和军事家——班超

班超（32—102），字仲升，扶风郡平陵县（今陕西咸阳东北）人，东汉著名军事家、外交家，史学家班彪最小的儿子，其兄长班固、妹妹班昭也是著名史学家。班超是一个胸怀大志、不修细节，但内心又孝敬恭谨、审察事理的人。他博览群书，能言善辩。原为官府抄书，不甘于此，投笔从戎，先随窦固抗击匈奴，后又奉命出使西域。在出使西域的31年间，他始终执行汉王朝"断匈奴右臂"的政策，自始至终立足于争取多数，分化、瓦解和驱逐匈奴势力，平定了西域50多个国家，为中国多民族国家的形成、巩固和发展做出了很大贡献，展

班超像

现了他非凡的政治和军事才能。永元十二年(100),班超终如愿以偿回国。永元十四年(102)八月,抵达洛阳,获封射声校尉。同年九月,班超因病去世,享年71岁。死后葬于洛阳邙山之上。

1. 立志报国

在汉代的历史上,班超的家族很有名望。这个家族不但世代有官宦,而且有着浓厚的文化学术气氛,为我国的文化建设事业做出过巨大的贡献。

班超的曾祖父班况,在西汉成帝时,曾官至越骑校尉;其祖父班稚,亦曾官至广平太守。到班超的父亲班彪、哥哥班固、妹妹班昭这两代之间,班家更是大放光彩。

班超之父班彪是我国历史上著名的史学家。班彪从小就是一个"沈重好古"的人,始终对刘汉皇朝怀有一腔忠诚。20多岁的班彪正处在西汉末年大动乱的时期。当时,西汉已亡,篡位的王莽也已失败,关中处在一片混乱之中。为躲避战乱，班彪不得已从家乡逃到天水，依附隗嚣。当时，隗嚣佣兵占据此地，班彪力劝隗嚣放弃割据政策，拥兵守护汉朝。野心极大的隗嚣不听劝告。于是，班彪就离开天水，来到河西大将军窦融的幕下，受到窦融的礼遇。于是，班彪积极为窦融出谋划策。窦融归属东汉后，他也因此被汉光武帝刘秀看中，做了徐县的县令。

在当时，班彪还是一个很有声望的历史学家。西汉武帝时期，史学家司马迁著述了伟大的纪传体通史著作《史记》，记述了自传说中的轩辕黄帝起约3000年的历史，但是此书只记录到司马迁生活的武帝太初年间。司马迁去世后到西汉灭亡，中间相隔120多年，这段历史是一段空白，当时很多人都想续补《史记》之后的这段历史。然而，由于没有足够的才能，大多是平庸之辈。在此情况下，班彪立志"采前史遗事，傍贯异闻"(《后汉书·班彪传》)，下定决心续写《史记》，希望他的书能像《史记》一样流传后世。

班固是班超的兄长，也是历史上伟大的文学家和历史学家。据记载，班固从小就才华横溢，史料记载，他"年九岁，能属文诵诗赋，及长，遂博贯载籍，九流百家之书，无不穷究"(《后汉书·班固传》)。在学习上，他"所学无常帅，不为章句，举大义而已"(同上书)，显示出不一般的才能和当时儒生完全不同的学风。由于父亲的影响，班固对历史有着浓厚的兴趣，也立下了远大的志向。班彪立志续写《史记》后传，心愿未完成便去世了。父亲去世后，班固继承父愿，精心核实父亲遗留的稿件，条贯体例，继承创新，最终创作出我国第一部纪传体断代史书《汉书》（记述了西汉王朝共230年的史实）的大部分内容，但在即将完成时，由于卷入一场政治案件，含冤去世，未能完成自己的事业。

　　班昭是班超的妹妹，是有名的才女。她学识渊博，作得一手好文章。她虽年轻便守寡，但谨遵妇道，还因此受到皇帝赏识。和帝还延召她入宫，让后宫的嫔妃拜她为师，学习儒学，当时被称为"曹大家"（家，读音通"姑"。曹为班昭的夫家姓）。大哥班固入狱，班昭深知他续作的《汉书》是父兄的心血，于是她不顾年迈多病，倾尽全力整理《汉书》。兄长班固冤死狱中之后，她忍受着丧亲之痛，搜集史料，补写了班固未能完成的《天文志》和8个史表，最终使《汉书》成为一

班昭像

部完整的巨著，为中国史学做出了不可磨灭的贡献。

班超的家族就是这样一个文风蔚然、学术气氛十分浓郁的家族，这种环境对班超的性格、志向都有无比巨大的影响。他"为人有大志，不修细节。然内孝谨，居家常执勤苦，不耻劳辱"（《后汉书·班超传》）。他生得体格魁伟，豪侠旷达，又有口才，思维敏捷，分析问题深入细致，条分缕析。和他的父兄一样，他自小也很爱读书，但他却不雕章琢句，而是博览群书，从中汲取符合自己志趣的有用知识。他读史书，不仅鉴赏史籍中的文采和史笔的优劣，更对历史上杰出人物的动人事迹和英武性格感兴趣。他不仅想成为像父兄那样博学有才的人，而且更幻想建立一番更大的功业。他不想做只是记载历史的史学家，而是要寻找机会成为历史学家笔下的英雄。

汉明帝永平五年（62），班超30岁时，他的家庭遇到了一次意外的变故。正当班固全力以赴地编著《汉书》时，有人却向汉明帝刘庄告发班固"私修国史，诽谤朝廷"。于是，班固被逮捕入狱，全部书稿也被查抄。面对这个意外的打击，为了替哥哥辩明冤屈，班超不辞辛劳，千里迢迢来到京城洛阳，诣阙上书，亲自向明帝说明其父兄修撰国史、祖述汉德的苦心和忠诚。明帝感于班超的胆识和口才，又审阅了班固的书稿，确信班固的《汉书》确实不像奸佞小人所说的那样有诬蔑、诽谤朝廷的内容，反而还有许多歌颂汉朝统治者威德的地方。于是，汉明帝不但释放了班固，还因欣赏他的文才而征召他进京，"召诣校书部，除兰台令史"（《后汉书·班固传》），让他专门掌管宫廷的文书奏折。

随着班固的入京为官，班超一家也由家乡迁居到京城洛阳。东汉时的洛阳是全国最繁华的城市，但却只是贵族豪门的乐地。对于普通人来说，此处物价昂贵，生活必然受到影响。班固只是一个小小的兰台令史，官微俸薄，不但要奉养老母，还要照顾弟、妹，因此，搬到京城后的班超一家，生活之窘迫可想而知。为了维持生活，班超又不得不在官府找了个抄写文书的工作，在笔墨间讨生活。后来，也许是明帝尚未忘记班超当时营救哥哥时所表现出的口才，班超也当上了兰台令史这样的小官。

此时的班超已过而立之年，这样的生活对他无疑像牢笼一样，使他苦闷不堪。有时，他只能借助想象，任自己的理想驰骋。有一天，他突然当着同僚的面，拍案而起，掷笔于地，高声说道："大丈夫无它志略，犹当效傅介子、张骞立功异域，以取封侯，安能久事笔砚间乎？"左右的同事们初时尚未会意，等明白了班超是在抒发他想学习西汉武帝时的张骞、昭帝时的傅介子不畏艰辛打通西域、立功边疆的壮志时，都不禁哈哈大笑。但班超并未因大家的嗤笑而退缩，他说："小子安知壮士志哉！"(《后汉书·班超传》)给这些庸常之辈以有力的回击。

汉明帝永平十二年（69），汉朝派遣奉车都尉窦固等统领四路大军征伐长期为患西北边境的匈奴，拉开了东汉王朝和匈奴之间几十年战争的序幕。这是东汉王朝和西北各少数民族之间关系的转折点，也是班超一生生活的转折点。

2. 牛刀小试

在我国古代，人们把现在的新疆维吾尔自治区一带称为"西域"。大体是指葱岭（今帕米尔高原）以东，玉门关（今甘肃敦煌西）以西，天山以南，喀喇昆仑山以北的广大地区（这里是指狭义的"西域"。广义的西域，还包括当时由此所能到达的地区，即中亚、西亚、印度半岛、欧洲东部、非洲北部等地）。东汉时期，西域的各少数民族在此建立了50多个大大小小的国家，其中比较重要的有鄯善（今新疆若羌）、且末（今新疆罗布泊西南）、精绝（今新疆民丰）、扞弥（今新疆于田）、于阗（今新疆和田）、莎车（今新疆莎车）、尉犁（今新疆尉犁）、焉耆（今新疆焉耆）、龟兹（今新疆库车东）、姑墨（今新疆温宿、阿克苏一带）、温宿（今新疆乌什）、

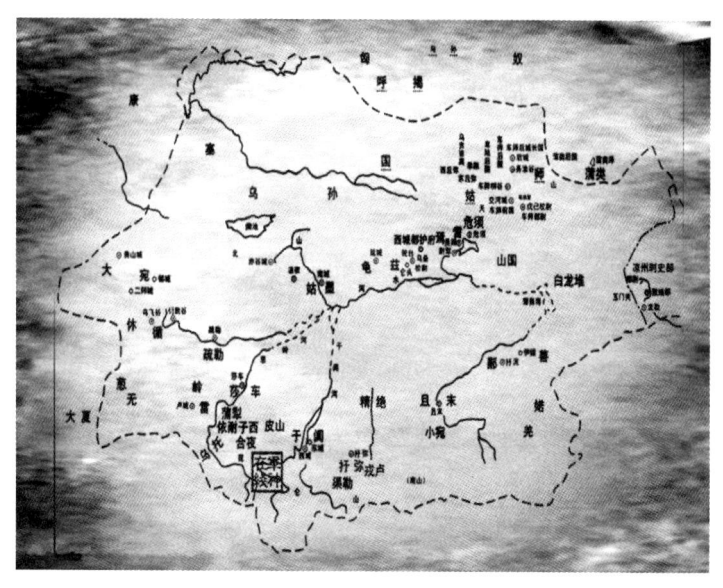

古代西域略图

尉头（今新疆阿合奇）、疏勒（今新疆疏勒）等。它们西面同大月氏（今阿富汗、巴基斯坦境内）、康居（今巴尔喀什湖和威海之间）、大宛（苏联的费尔干纳）接壤，北面与匈奴为邻，东面紧挨东汉王朝的敦煌等郡。西汉末年和东汉初年，西域北部的匈奴力量强大，使西域各国和东汉王朝都面临着被侵略和奴役的威胁。

匈奴民族是长期以来生活于我国西北、北部边境的一个游牧民族。早在春秋、战国之时，他们就不断袭扰中原各诸侯国的北部边境，抢夺财物，掳掠人口、牲畜，使边疆人民无法安居乐业。秦始皇统一中国后，曾派将军蒙恬北击匈奴，并修筑了宏伟的万里长城。

西汉初年，匈奴又不断南侵，迫使汉朝统治者不得不采取妥协政策。到了汉武帝时期，西汉国力已经强盛起来，大将卫青、霍去病先后几次远征，终于大破匈奴。但到西汉末年和东汉初年，匈奴又趁中原内乱、国力衰弱之机，卷土重来，继续侵扰汉朝边境，并奴役西域各族人民。

西域各国长期和中原汉朝保持睦邻友好关系。早在汉武帝时期，武帝为了联合抗击匈奴，就曾先后两次派张骞出使西域，开辟了举世闻名的"丝绸之路"。汉朝还在西域设置了西域都护府，管辖和保护西域各国。从那以后，西域和汉朝保持了六七十年的和平友好局面，在政治、经济各方面，关系十分密切。使天山南北，玉门关内外，一度出现了边城晚闭、畜群遍野、商旅使臣络绎不绝的安乐景象。但到王莽篡汉以后，西域各国又沦为匈奴的控制区域。东汉初年，西域许多国家不甘心受匈奴的压榨，都想联络东汉王朝共同抗击匈奴，但由于汉光武帝刘秀正忙于稳定国内局势，国力状况也不允许有大的战争发生，致使这样的联合迟迟不能实现。汉明帝刘庄即位之后，东汉王朝已基本巩固，经济也有了较大的恢复和发展，于是，明帝决心重新沟通西域，解决匈奴问题。

永平十六年（73），明帝在朝野一片抗击匈奴的呼声中任命窦固为统帅，分别从高阙（今内蒙古河套地区)、酒泉(今甘肃酒泉市)、居延(今甘肃额济纳旗)、平城(今山西大同市)调集四路大军,分进合击。听到这一激动人心的消息之后,素怀壮志的班超心情无比兴奋,他盼望已久的实现理想的机会终于来到了。在哥哥班固的支持下,年已40岁的班超毅然决定投笔从戎,为国立功。他夜不能寐,积极自备行装,投到窦固帐下做了一名假司马("假"是代理的意思,司马是军队中的低级武官)。

按照战前总的战略部署,远征军准备首先攻取沟通西域的咽喉要塞伊吾(今新疆哈密市),切断匈奴与西域的联系,打开进军西域的大门,以便北进可抗匈奴,南退可保西域。但此战一开始并不顺利,窦固率大军插入匈奴主力和伊吾地区之后,旋即遇到了匈奴的顽强抵抗。几十年间势力已发展得很强大的匈奴既不甘屈服于汉朝,也不愿轻易失去西域,双方处于僵持状态,汉军一时难以取胜。面对此情形,班超不顾官职卑微,向窦固建议,以一部兵力挡住北面匈奴的主力,而自己率一部兵力直取南面的伊吾,趁敌人不注意之时,首先占领伊吾,实现总的战略目标。在得到窦固的同意之后,班超立即率领1000多名士兵,以迅雷不及掩耳之势直捣伊吾城下,麻痹大意的匈奴将军呼衍王一触即溃,班超顺利地攻取了伊吾,歼敌1000余名,大获全胜。与窦固相持的匈奴主力听到这一消息,灰心丧气,只好撤军北归。

伊吾战役的胜利,打开了通向西域的大门。东汉王朝决定在此设置宜禾都尉,驻兵屯田防守。同时,为了长期对匈奴作战,朝廷又接受窦固的举荐,决定派在此战中初露将才的班超为特使出使西域,肃清匈奴在西域的影响。

当时的西域,自张骞开通"丝绸之路"以来,一直有两条道路与中原相通,即南道和北道。南道出阳关(今甘肃敦煌西南)西行,越过盐泽(今罗布泊),到达塔里木盆地东端的楼兰国(又名鄯善,今新疆若羌),再沿昆仑山北麓西行,经且末、精绝、扞弥、于阗,至莎车,然后越过葱岭,到达大月氏、安息(今伊朗)等国。北道出玉门关,沿天山南麓西行,经车师前王庭(今新疆吐鲁番)、尉犁、焉耆、龟兹、姑墨、温宿、尉头、至疏勒,再西越葱岭(今帕米尔高原),到达大宛(今费尔干纳盆地)、康居(今巴尔喀什湖和咸海之间)等国。由于北道更近匈奴,他们在此处的势力比较强大,所以班超这次出使西域,决定取道匈奴力量比较弱的南道。经过短暂的准备,班超带领从事(辅佐文官,相当于后世的文书官)等36个随从,开始了他长达30年的绝域生涯。

南道的第一站是鄯善国。鄯善国在塔里木盆地的最东边,是汉朝到西域的必经之地。鄯善原来只是一个人口1.4万余人、兵士不足3000人的小国，在没有汉朝保护的情况下，他们只好向匈奴称臣。东汉初，匈奴分裂为南、北两部后，鄯善也曾趁机吞并了西部的精绝、且末等小国。但他们却仍然受北匈奴的控制和奴役。匈奴虽未在此驻扎军队，却经常派使者或小股骑兵来监视鄯善，所以鄯善很早就想和汉朝建立联系，争取保护，以摆脱匈奴的压迫。因此，当班超一行经过长途跋涉，越过漫无边际的盐泽来到鄯善的时候，他们受到了鄯善国君臣及百姓的热烈欢迎和友好接待，鄯善王广几乎天天都亲自到班超一行居住的旅舍问寒嘘暖，亲如兄弟。

但是，没过几天，情况却急转直下，不但鄯善王

鄯善国模型

几天都不露面,而且连侍者的态度也不再像以前那么殷勤和友好了。班超心想,一定是发生了什么事,很可能是匈奴也正好派来了使者,使鄯善王改变了态度。为了摸清情况,班超召来鄯善国的侍者,劈头问道:"匈奴使者来数日,今安在乎?"侍者不知班超只是探听虚实,以为秘密已经暴露,马上十分惶恐地供出了实情。班超证实了自己的判断之后,马上让随从将侍者幽闭起来,并立刻召集手下36位随从,一起饮酒聚会。待酒足饭饱以后,班超突然对大家说:"卿曹与我仅在绝域,欲立大功,以求富贵。今虏使到才数日,而王广礼敬即废。如今鄯善收吾属送匈奴,骸骨长为豺狼食矣。为之奈何?"手下随从果然被激怒,纷纷表示:"今在危亡之地,死生从司马。"班超见大家都毫无惧色,又说:"不入虎穴,不得虎子。当今之计,独有因夜以火攻虏,使彼不知我多少,必大震怖,可殄尽也。灭此虏,则鄯善破胆,功成事立矣。"有人提出,此事应该和从事郭恂商量一下,但班超知道郭恂是一个胆小怯懦之人,如果和他商议不成,反而会泄露秘密,延误了大事,于是反驳说:"吉凶决于今日。从事文俗吏,闻此必恐而谋泄,死无所名,非壮士也。"在得到大家的同意后,班超立刻部署,让一部分人马上带上战鼓潜伏到匈奴使者的营帐后面,约定一见前面火起,立即擂动战鼓,大声呐喊。他带着其余的人埋伏在匈奴营寨大门之前。

是夜，正好刮起大风，班超命人顺风点火，刹那间火势大起，喊声一片。匈奴人不知底细，顿时慌作一团。班超趁敌人混乱之机，一马当先，冲入敌阵，"手格杀三人"，手下随从壮士亦"斩其使及从士三十余级，余众百许人悉烧死"（皆见《后汉书·班超传》），一场火攻歼灭战很快就结束了。

天亮以后，班超将战斗经过告诉郭恂，果如班超所料，郭恂听后，先是大惊失色，既而又想，既然大功已经告成，何不趁机分点功劳，捞点好处呢！班超见郭恂的脸色变化不定，心知其所想，就说："请你放心，虽然你未参加这次行动，但我绝不会独占这份功劳。"听了这话，郭恂马上高兴起来。

之后，班超又将鄯善王请来，然后把匈奴使者的首级往他面前一放。鄯善王一看，顿时目瞪口呆，简直不敢相信班超如此神勇，竟然不动声色，一夜之间就将匈奴100多人的部队解决了。消息传开之后，鄯善国举国震动，都佩服班超的勇气。班超借此有利之机，又大度地抚慰惶恐不已的鄯善王广和广大臣民，终于感动了鄯善国人，他们决定归顺汉朝。鄯善王派自己的儿子随班超一起回汉朝，留在洛阳做人质以表诚意。

班超以其过人的胆识，在出使匈奴的第一站就迅速地使鄯善国归附汉朝，不仅显示了他个人的才能，威震了西域各国，也为他以后再次出使西域、为汉朝再次沟通西域奠定了基础。此事可说是初次显露出他有胆有识、有勇有谋的将才锋芒。

3. 威震西域

班超出使鄯善国，胜利地完成了使命，打开了西域南路的第一道大门。他辞别了鄯善王，率领随从回到了窦固军队的驻地，向窦固报告了出使的成果。

窦固听了班超的汇报后，十分高兴，马上具表上奏朝廷，详细汇报了情况和班超的功绩，并说明了再次沟通西域、击败匈奴的乐观前景，要求朝廷更选杰出的使者出使西域，完成大业。汉明帝接到奏报后，也很高兴，并对班超的才智胆略激赏不已，马上下诏说："吏如班超，何故不遣而更选乎？今以超为军司马，令遂前功。"窦固本来就很赏识班超，通过攻取伊吾战役和出使鄯善两件事，他对班超的才能又有了进一步的认识和了解，因此，一接到明帝的诏令，马上就着手为班超做准备。和匈奴已有多年作战经验的窦固知道，出使西域和出使鄯善不同，鄯善国虽也属西域，但毕竟离汉朝较近，也靠近自己的驻军，而西域则远离汉朝，加之几十年来，匈奴长期控制此地，情况非常复杂。因此，出使西域是一件尤其艰难和危险的任务。所以，他决定让班超在原来随从他出使鄯善的36名勇士之外，再多带一些士兵,以防不测。然而班超考虑,既然是深入绝域去沟通联络,应主要依靠大家共同对敌的决心和西域各国长久以来与汉王朝的友谊以及它们现在对汉王朝的归顺之心,而不能以武力征服,因此,多带士兵反而会使西域人民产生隔阂。再说,既然远离后方,就算多带些士兵,一旦遇到不测也不管用,甚至反而会成为累赘。所以他谢绝了窦固的好意,仍然带着原来那36名和他志趣相投、亦想立功西域的壮士开始了新的征程。

班超此次出使的第一个目标是于阗,于阗地处塔里木盆地南沿,是位于鄯善国西面的一个大国。在班超一行到达之前,于阗王广德刚攻破了西面的莎车国

班超出使西域雕像

不久，正称雄于南道诸国。另外，由于于阗国处于南道一线的中端，因此匈奴很重视它的战略地位，长期以来，都派专人以使节之名驻扎在于阗，以便监视和控制于阗国王，并进而控制整个南道。正因如此，当班超一行西行来到于阗时，国王广德的态度极其冷淡。匈奴使者虽然平时颐指气使，骄横无比，但他们也早已听说了班超在鄯善国勇杀匈奴使者、慑服鄯善的壮举，心中也很担心害怕。于是，他们一方面继续威胁于阗国王，一方面又耍起了阴谋。当时的于阗国，迷信风气很浓厚，国王养着几个所谓的"神巫"，平常不管是军国大事，还是日常小事，都要向"神巫"请示。匈奴使者抓住这一点，威胁、贿赂"神巫"，让他以神的名义恐吓于阗国王，让他除掉班超，永远与汉朝绝交。"神巫"经过一番装神弄鬼，假装天神发怒，要于阗国王用班超所骑的浅黑色骏马来祭祀他。班超得知"神巫"的诡计后，就将计就计，让"神巫"自己来取马，然后出其不意地杀了"神巫"，既证明了迷信活动的不可信，又粉碎了匈奴人的阴谋。班超又及时对于阗国王晓以利弊，终于杀掉了匈奴的监护使者，使于阗归附了汉朝。

于阗国臣服汉朝之后，西域南道的一些小国也纷纷效仿，主动地和匈奴断绝了往来，恢复了和汉王朝的友好关系。这样，南道中的匈奴的势力就更弱了，整个形势发生了很大变化。

在于阗驻扎、休整了一段时间之后，班超一行又踏上了新的征途，继续向西面的疏勒（相当于今新疆的喀什噶尔地区）挺进。

疏勒在整个西域的地理位置很特殊，也很重要。它位于南北两道最西面的交汇点上。当时，汉王朝和西域东部的国家要想再往西去，都必须通过疏勒。而在南北道之间，横亘着浩渺无边的大沙漠，即俗称"死亡之海"的塔克拉玛干沙漠。因东面有汉朝军队阻挡，匈奴要想占领、控制南道诸国，就只能通过疏勒，绕道南进。这样，疏勒就成了双方争取的战略要点。

当时的疏勒，正由北道强国龟兹（以库车绿洲为中心，辖今新疆轮台、库车、沙雅、拜城、阿克苏、新和6县市）所控制。龟兹位于北道的中部，国力比较强大，龟兹王建是匈奴一手扶植起来的傀儡，他仗着匈奴人的支持，在北道称王称霸。就在班超西进疏勒之前不久，龟兹王曾派兵攻破疏勒，杀死原来的国王，强立龟兹贵族兜题为疏勒王，把疏勒变成了龟兹的附属国。伪王兜题上台后，大肆掳掠疏勒人民的财物，残酷压迫疏勒人民，使疏勒人民处于十分悲惨的境地，这激起了疏勒人民的强烈怨恨。根据这一形势，班超决定不先攻取于阗和疏勒之间的莎车，而是绕开莎车，首先袭取疏勒，给匈奴势力以出其不意的沉重打击。

班超带着他的36位壮士从小道直入疏勒，来到距疏勒王城槃橐城90里的地方驻扎下来，然后他派遣了一个叫田虑的人去招降兜题。行前，他指示田虑："兜题本非疏勒种，国人必不用命。若不即降，便可执之。"(《后汉书·班超传》)果不出班超所料，当田虑只身一人到达兜题王宫的时候，兜题的态度十分傲慢，他见田虑身材比较矮小，更是不把他放在眼里。胆识超人的田虑见劝降不成，便突然冲上前去，挟持了兜题，然后飞马冲回营地。班超见很顺利地解决了伪王，便立即启程进入槃橐城，并马上召集疏勒的文武官

古龟兹国遗址

员，向他们痛斥匈奴、龟兹的霸道行径，并晓谕汉王朝的友好意愿。疏勒的文武大臣见班超为他们除掉了一大祸害，都十分高兴，表示拥护班超，愿和汉朝通好。班超又派人寻找疏勒老王的后代，结果找到老王哥哥的儿子榆勒，班超让他改名为"忠"，继位为疏勒王。然后又大义释放了兜题。疏勒人民有了自己的国王，也从龟兹的统治下解放出来了，都极其兴奋。这样，班超不费一兵一卒就解决了疏勒问题。

班超在西域取得节节胜利的时候，汉明帝刘庄为了配合他的外交活动，在这一年的十一月，决定派窦固和耿恭等大将率领精锐部队1.4万余骑，对北道东端的车师国（今新疆乌鲁木齐市东）进行第二次远征。经过艰苦卓绝的较量，窦固大军终于征服了车师前后王（车师国分前后两部，两国王乃父子关系）。这样，西域的形势就发生了很大的变化。南道除莎车外，其余国家已基本和汉朝恢复了友好关系，北道的东西两端也为汉朝所控制。在这种有利的形势下，汉王朝决定在西域重新建立西域都护府，以陈睦为西域都护。不久，又设置戊、己校尉，以耿恭为戊校尉，驻金满城（车师后部境内），以关宠为己校尉，驻柳中城（车师前部境内）。这样，东汉本部和班超就遥相呼应，对以龟兹国为首的北道中段形成了钳形包围圈。

然而，就在这种南、北两道即将打通的时刻，形势却急转直下，使身居异域的班超一行陷入了困境。一方面，窦固大军在征服了车师以后，按朝廷命令撤军回国；另一方面，长期控制西域的匈奴对汉朝的节节胜利也极不甘心。因此，就在窦固班师不久，他们就发动大军，卷土重来，车师国王又趁机反叛，使刚建立的西域都护府和戊、己两校尉陷入了孤立的境地。恰在此时，汉明帝又去世了。皇帝之死乃国之大丧，按封建社会的礼制，国丧举哀期间不得对外用兵。所以，虽然耿恭、关宠等奋死坚守，频频告急，在弹尽粮绝的情况下坚持了一年多时间，但最终仍被匈奴击败，关宠病饿而死，耿恭及其部下也只有13人生还。汉王朝又失去了北道的东端。与此同时，匈奴又围攻西域都护府，杀死陈睦，并纠合北道的焉耆、龟兹、姑墨等国进攻班超驻守的疏勒，班超在这种失却外援的情况下，和疏勒王忠及国人一起与匈奴斗智斗勇，固守槃橐城一年之久。

建初元年（76），刚刚继位为帝的汉章帝又听从了少数人放弃西域的主张，竟下令撤销西域都护府和戊、己两校尉，关闭玉门关。他还担心班超在西域难以坚持，也下诏让他撤回汉朝，准备完全放弃西域。君命难违，尽管班超壮志未酬，他也只好打点行装，忍痛告别西域各族人民，默默地踏上了归途。

班超一行要归国的消息很快传开了，疏勒和于阗两国都产生了极大的恐慌，他们一方面不愿看到与汉朝的关系再次断绝，使刚刚建立不久的友谊失去；一方面也担心班超回国后，匈奴又会卷土重来，甚至更残暴地欺压他们。于是，两国君臣和人民都纷纷要求班超继续留在西域，他们失声痛哭说："依汉使如父母，诚不可去。"(《后汉书·班超传》)许多人抱着班超坐骑的马腿，不让他走。有一个叫黎弇的疏勒都尉竟为此而自杀，他说："汉使弃我，我必复为龟兹所灭耳。诚不忍见汉使去。"（同上书）两国人民盛情的挽留和深情的话语，使班超想起自己的壮志和身负的责任。确实，对于班超来说，3年多来，自己呕心沥血，舍生忘死，苦心沟通西域各国，现在大功还未告成，又怎舍得离此而去呢？再说，自己回国了，长期觊觎西域的匈奴必然不会放过西域诸国，自己个人的荣辱是小，但把已经取得的半个西域拱手让给匈奴，就等于背信弃义，这关系到整个汉朝的名声，也是关系到今后能否再通西域的大问题。想到这些，班超毅然决定留下来继续团结各国人民，共同对付匈奴，完成自己的宏愿。

果然不出班超所料，在他离开疏勒国之后不久，龟兹国王建马上在匈奴的支持下实施了对疏勒国的报复，疏勒国内部也有两个城堡的首领举旗反叛。但他们没想到班超会去而复返。班超详细分析了敌人的情况，决定迅速围剿，不给叛乱分子以喘息的机会，同时也利于稳定那些被胁迫者的人心。经过迅速、有力的战斗，疏勒国终于又重新恢复了安定的秩序。班超并没有因此沾沾自喜，他很明智地看出，疏勒整个形势仍然是很严峻、复杂的：外有匈奴的仆从国龟兹，正挟持一些小国虎视眈眈地伺机进犯，内有一股潜在的反叛势力，准备与龟兹相呼应。而更严重的是，随着东汉朝廷对西域政策的改变，不少国家，尤其是一些小国对班超的信任和依赖感大大削弱，他一时也很难指望国内的支持。然而，面对这种十分不利的局面，班超并未灰心丧气，而是壮志不减，决心孤军奋战，以自己的顽强毅力与敌人斗争到底。

　　根据当时的形势，班超决定分两步走，第一步是巩固疏勒这块根据地，第二步再以疏勒为基础，南破莎车，北破龟兹，从而贯通南北两道。自班超再定疏勒之后，龟兹国就把疏勒当做眼中钉，龟兹王倚仗自己在北道的霸主地位，一面继续派遣奸细策动疏勒内部反对势力进行叛乱，一面强令附近小国出兵出力，从外部进行武装干涉。班超始终团结疏勒人民，多次粉碎了龟兹王建的阴谋企图，一次又一次地把龟兹、姑墨、尉头、温宿各国的联军赶出疏勒国境。

　　经过一年多的有效防御，班超基本上巩固了疏勒这块根据地，于是，他一改原来的防御政策，图谋出击各国。汉章帝建初三年（78），班超统率疏勒、于阗、

疏勒国遗址

扦弥（今新疆和田境内）以及康居等国士兵1万多人，一举攻破了疏勒北部邻国姑墨，解除了北部威胁，削弱了龟兹的力量。汉章帝建初五年（80），班超决定进攻龟兹。他给汉章帝上了一道言辞恳切、充满壮志豪情的奏疏，详细汇报了自己出使西域以来的成绩，说明了打通西域的重要性，请求朝廷予以支援。奏疏中说："臣窃见先帝欲开西域，故北击匈奴，西使外国，鄯善、于阗即时向化。今扦弥、莎车、疏勒、月氏、乌孙、康居复愿归附，欲共并力破灭龟兹，平通汉道。若得龟兹,则西域未服者百分之一耳。臣伏自惟念,卒伍小吏,实愿从谷吉效命绝域,庶几张骞弃身旷野。昔魏绛列国大夫,尚能和辑诸戎,况臣奉大汉之威,而无铅刀一割之用乎?前世议者皆曰取三十六国,号为断匈奴右臂。今西域诸国,自日之所入,莫不向化,大小欣欣,贡奉不绝,唯焉耆、龟兹独未服从。臣前与官属三十六人奉使绝域,备遭艰厄。自孤守疏勒,于今五载,胡夷情数,臣颇识之。问其城郭小大,皆言'依汉与依天等'。以是效之,则葱岭可通,葱岭通则龟兹可伐。今宜拜龟兹侍子白霸为其国王,以步骑数百送之,与诸国连兵,岁月之间,龟兹可禽。以夷狄攻夷狄,计之善者也。臣见莎车、疏勒田地肥广,草牧饶衍,不比敦煌、鄯善间也,兵可不费中国而粮食自足、且姑墨、温宿二王,特为龟兹所置,既非其种,更相厌苦,其势必有降反。若二国来降,则龟兹自破。愿下臣章,参考行事。诚有万分,死复何恨。臣超区区,特蒙神灵,窃冀未便僵仆,目见西域平定,陛下举万年之觞,荐勋祖庙,布大喜于天下。"(《后汉书·班超传》)

自从汉朝关闭玉门关以后,朝廷已不能掌握西域形势的变化,对班超的事业也不再抱太大的希望。没想到几年之后,却突然接到班超的奏章,汉章帝才得知班超不仅仍在西域坚持奋斗,且取得了很大的成绩。

汉章帝像

看到班超的这封言深情长、分析透彻的上奏,原来对西域事业并无多大激情的汉章帝马上决定,派平陵人徐干为代理司马,率领1000余兵马前去支援班超,以助他实现宏图。

由于路途遥远,加之交通不便,从班超上疏,到朝廷出兵,时间竟又拖了将近两年,在这期间,西域的形势又发生了很大的变化。原来,龟兹王建意识到各国联兵对自己称霸西域极为不利,因此就秘密策划莎车(今新疆喀什地区莎车县)、疏勒各国背叛汉朝。位于疏勒和于阗两国之间的莎车,本是一个强国,和汉朝的关系也一直较为友好,东汉初年,前任莎车国王去世时,还一再嘱咐继位的儿子要与汉王朝世代修好(参见《后汉书·西域传》)。但不久前,莎车国王见汉朝关闭了玉门关,不再向西域派兵,于是就投向了龟兹,加入到反对班超的行列中来。龟兹还用金钱收买了疏勒国的都尉潘辰,策动他据城反叛,使班超又陷入了困难的境地。好在他们终于坚持到了徐干援兵的到来,终于又一次粉碎了敌人的阴谋，及时平息了潘辰的叛乱。

　　平乱后，班超并不急于进攻莎车，而是上疏朝廷，请求派使者联络龟兹西北的一个大国乌孙，以便夹击龟兹。他知道，莎车历来与汉朝通好，现在只是受了眼前形势的迷惑，等形势好转后，莎车自然会重新归顺。而乌孙国国力强大，自西汉武帝时将解忧公主嫁给乌孙王之后，一直友好地保持着亲戚关系，如果能与乌孙联兵，那不但莎车不足担忧，自己的力量也会壮大很多，攻取龟兹的把握就会大大增强。

　　汉章帝接到班超和徐干的上疏以后，也很赞同班超的建议，于是就派卫侯李邑从南道出使乌孙，并升班超为将兵长史，还特许他使用大将的仪仗和乐队。谁知，李邑却是一个心术不正而又贪生怕死之人，他出了玉门关后，慑于西域的艰苦环境和敌人的势力，不愿西行，反而为掩盖自己的胆小，推卸责任，竟卑鄙地上奏朝廷，诋毁班超。他"上书陈西域之功不可成，又盛毁班超拥爱妻，抱爱子，安乐外国，无内顾心"（《后汉书·班超传》）。班超听说之后，不禁长叹不已，但为了实现宏愿，完成使命，竟忍痛让妻、子离开了自己。

　　好在汉章帝并不糊涂，他接到李邑的奏章后，并没有被那些诬蔑之词所迷惑，他也知道班超的忠心和品德，便下诏让李邑继续西行完成使命，并严词斥责李邑说："纵超拥爱妻，抱爱子，思归之士千余人，何能尽与超同心乎!"(同上书)又让李邑受班超节度。李邑见诽谤不成,只得来到班超的驻地,他很担心班超会报复他,其他的人也认为,班超应该狠狠惩罚李邑。但心胸豁达的班超光明磊落,不但没有记恨李邑,反而帮助他完成使命,然后让他护送乌孙侍子回朝复命。班超这种不计前嫌、以德报怨的高尚品德,不但感动了徐干等手下人,也使李邑羞愧不已。汉章帝见班超让李邑护送乌孙侍子回朝,知他一心为公,第二年又增派和恭率领800名士兵前往西域,支援班超。

　　李邑之事虽然顺利解决,但却耽误了不少时间。一来一往的,又是几年时间过去了。而且,此时的形势出乎班超的预料,莎车国不但没有重新归顺,反而变本加厉,继续反抗汉王朝。班超忍无可忍,决定在对龟兹用兵之前,先解决这个后顾之忧。于是他调集疏勒、于阗两国兵马,加上自己的1800名猛士,从东、北两面夹攻莎车。

　　莎车王见几年来班超并未进攻,以为班超不足为惧,现在见班超突然发兵,不禁万分恐慌。他估计自己无力独挡班超,就秘密派人用大量珍宝贿赂疏勒王忠,让他待班超军队一出动,就在背后举起反旗,使班超腹背受敌。疏勒王忠禁不住珍宝的诱惑,又以为自己的羽翼已丰,不再需要班超的支持,就接受了莎车王的计划。

班超正在前线指挥作战，听到这一情报后，也不禁大吃一惊。为了确保后方根据地的稳固，班超立即决定推迟进攻莎车的计划，回过头来镇压忠的叛乱。但忠在叛乱之前，已联络了西边的康居，得到了康居的援助，所以双方对峙了半年之久，也未解决问题。这时，班超考虑到他此战的主要目标是莎车，因而不应在与忠的斗争中过多地消耗自己的实力。他认为忠之所以能和他抗衡，主要是有康居的支持，如果失去康居的支持，忠就不难对付了。于是，班超就利用大月氏刚和康居联姻，而大月氏和汉王朝的关系又较友好的有利条件，派人给大月氏王送去许多贵重的礼物，让他说服康居罢兵。这一招果然有效，康居不但立即撤军，还把忠也带回去了。班超又一次凭自己的智慧解除了进攻莎车的后顾之忧。

解决了忠的问题，班超又回过头来着手对付莎车。莎车王自知独力难支，就向龟兹求救，龟兹王考虑到莎车的战略地位，于是马上征发姑墨、尉头、温宿等国的部队，共集结了5万余人，驰援莎车。在援军先头部队遭到班超的有效堵截后，龟兹王又亲率大军，再度增援。

面对龟兹不断增兵、双方力量对比越来越悬殊的不利形势，班超知道，长期僵持下去，腹背受敌，不但不能取胜，反而有可能全军覆没。在此情况下，班超决定不和敌人硬拼，而是用计速决。他趁龟兹王又率大军增援之机，装出很害怕的样子，"召集将校及于阗王议曰：'今兵少不敌，其计莫若各散去。于阗从是而东，长史（指班超本人）亦于此西归，可须夜鼓声而发。'"（《后汉书·班超传》）消息传开以后，班超又悄悄嘱咐看守俘虏的士兵放松戒备，许被俘士兵逃回去报告他们"偷听"到的情报。

龟兹王果然中计，他听到逃兵带回的情报后，得意极了，立即部署温宿王领兵8000人埋伏在东路，拦击东归的于阗王部队，自己率1万名骑兵埋伏在西路，准备迎头截击撤回疏勒的班超。班超自"情报"送出后，便密切打探龟兹王的动静，见龟兹王已经中计，他马上调集部队，连夜对王城发起突然袭击。王城原本力量弱小，所以战役一开始，就采取了固守待援的打法，令班超毫无办法，后见龟兹王不断派兵支援，他认为班超一定无法抵挡，便感到高枕无忧了。谁知，正当他在城中做美梦时，班超大军却突然出现在城下，莎车士兵面对突然四起的喊杀声，尚不知怎么回事，就被击溃了，莎车王只得乖乖地投降了班超。

龟兹王和温宿王自以为得计，带着部队在东西两路苦等了一夜，也不见敌人的影子，正在疑惑之时，却传来了莎车已被攻破，莎车王已经投降的消息，他们知道，这时再赴莎车，自然没有好下场，于是便撤军回国了。

莎车一役,班超巧用计谋,终于解决了几年来背后的隐患,也给了骄横的龟兹王以有力的打击。从此,班超的声名便"威震西域"。

4.万里封侯

自从班超第一次沟通疏勒,已过去十几年了。在这十几年中,经过艰苦卓绝的奋斗,班超终于使整个西域南道都置于汉朝的掌握之中,西域的整个形势也发生了很大变化,原来比较强大的匈奴势力,现在也只剩下龟兹、焉耆(今新疆焉耆回族自治县)等几个小国,而班超的力量却已十分强大。班超又积极准备,打算拔掉垄断北道的霸主——龟兹。

然而,正当班超积极厉兵秣马之时,葱岭西边的大月氏却突然发动大军,向东展开了对班超的进攻,也试图将势力渗透到西域来。大月氏是一个历史悠久的国家,他们原来居住在西域的东边,在敦煌和祁连山之间,过着游牧生活。西汉时,他们被匈奴冒顿单于击破,不得已迁移到葱岭的西边,征服了大夏,并据有其地(今新疆伊犁地区)。那里气候宜人,牧草丰茂,物产丰富,周围也无强国欺凌,大月氏很快复兴起来。由于他们对侵占其故园的匈奴人怀有很深的仇

大月氏王庭遗址

恨,因此,自西汉武帝派张骞通西域以后,大月氏就一直和汉朝保持着友好关系。在窦固出征西域和班超经营西域之时,大月氏也一再给予支持。谁知,就在班超平定莎车的这一年,大月氏新王继位,他派出使者,向班超要求娶汉朝的公主为妻。由于班超没有得到皇帝的旨意,无法答应月氏王的要求,惹恼了月氏王,他马上翻脸,命令自己的副王谢率领精兵7万人,向班超发起了进攻。

　　大月氏突然发7万大军压境,情况相当危急。当时班超能够调集的兵力,总共也只有3万人,和大月氏相比,力量太小,班超的许多部下也不禁手足无措,十分慌乱。但是,有勇有谋的班超面对强敌,却显得分外镇定。他冷静地分析了敌我双方的形势,根据月氏兵乃远道奔袭，士兵必然疲惫不堪，而补给运输线长、给养运送困难等弱点，他因时因地制定了"坚壁清野"的作战方针，以使大月氏不战自退，徒劳而归。于是，在敌人到来之前，班超就动员兵士和疏勒人民将粮食、物资全部运往后方，在前沿阵地筑起高垒，深挖壕堑，做好迎敌准备。

月氏大军自以为人多势众，满以为一战即可解决问题，哪知，当他们气势汹汹地来到疏勒境内时，竟然是千里空旷，根本无人出来应战。他们求战心切，想尽了办法激班超应战，但班超就是坚持既定战略方针，对月氏大军的挑战毫不理会。月氏军只能屯兵疏勒城下，双方进入僵持阶段。

正如班超所料想的，长期的屯兵，对月氏军十分不利，他们现在远离后方，疏勒国又坚壁清野，他们随军携带的粮草一天天减少，副王谢越来越恐慌了，他不得已派人向龟兹国借粮。哪知班超又早料到了，已派人在要道上拦截，使月氏军不但借不到粮，还损失了不少兵力。月氏大军终于身陷绝境，一筹莫展。

大月氏本来和汉朝就没什么冤仇，这次冲突，纯粹是月氏王年轻气盛的轻举妄动。班超从一开始就抱着和解的态度对待月氏的进攻，所以当月氏军陷入绝境时，他并没有趁机歼灭他们，而是派出使者，以好言抚慰。月氏副王谢进退维谷，也被班超的友好所感动,于是就向班超修表请罪,班超也不计前嫌,让他们撤军回国了。从此,大月氏又和汉朝恢复了友好关系,并年年派使者向汉朝进贡特产和珍宝。

解决了月氏的问题之后,班超终于有机会调过头来,解决西域北道的问题了。而此时的西域形势对班超也十分有利。由于班超在西域十几年的不断胜利,影响到汉王朝对西域的政策,朝中上下已很少有人再提放弃西域的观点。汉和帝永元元年(89),汉王朝派大将军窦宪率领大军西出玉门关,开始同盘踞北道的匈奴进行战略性决战。经过3年多的连续进攻,收复了被占领的伊吾,车师前后王也重新归附。永元三

现在的尉犁

年（91），东汉大军长途追击，一直追至金微山（今阿尔泰山），大破匈奴主力，匈奴在不断打击下，被迫西迁。

失去了匈奴强有力的支持，盘踞北道的龟兹、温宿（今新疆南部温宿县）等几个国家的力量顿时削弱，面对班超率领的大军，龟兹王尤利多不得不上表，表示归附汉朝。由于龟兹王的投降，原来依靠龟兹的姑墨（今新疆拜城县一带）、尉头（今新疆乌什县和巴楚县一带）、温宿也马上上表称臣。班超又废除篡权登位的尤利多，改立原龟兹王之子白霸为龟兹王。至此，西域大局已定。东汉王朝在西域重新设置西域都护府，以班超为都护，驻守龟兹的它乾城，以徐干为长史，屯驻疏勒，互为犄角之势；同时又重新设置戊、己校尉，屯驻柳中，与班超互为声援，共同镇抚西域。

自龟兹等国投降归附后，整个西域50余国也就只剩下了焉耆、尉犁、危须3国尚未臣服。3国由于怕汉朝打击，只好死命撑着，继续与汉朝为敌。但班超打通北道、安定西域的决心已定，便在汉和帝永元六年（94）秋天，调发龟兹、鄯善、疏勒等国兵力7万余人，开始了他进军西域的最后一役——征服焉耆、尉犁、危须3国。

焉耆、尉犁（今新疆中部尉犁县）、危须3国皆位于北道的中段，危须（今新疆和硕县境内）在北，焉耆居中，尉犁在南，而以焉耆最为强大。匈奴为了控制这一地区，曾派了一个叫北鞬支的"侍子"长期住在焉耆，这人虽名义上只是一个人质，但实际上却是匈奴的代理人，焉耆的国政全由他控制。

　　焉耆等三国虽然与汉王朝有难解之怨，但班超本着仁义之心，仍想用和平的方法来解决问题。因此，当他率领浩浩荡荡的7万大军来到尉犁边界之后，并未马上发起攻击，而是派遣使者前去晓谕3国国王："都护来者，欲镇抚三国。即欲改过向善，宜遣大人来迎，当赏赐王侯以下，事毕即还。今赐王彩五百匹。"（《后汉书·班超传》）接到这个通告后，尉犁、危须两国国王都不约而同地来和焉耆王商议对策。3人既担心班超说话不算数，又害怕不接受条件会惹恼班超，最后还是狡猾的焉耆王广想出了对策，他们自己不亲自去迎接班超，而是派匈奴的"侍子"北鞬支带着美食，以犒军为名，去迎接班超，这样一来可以探探班超的虚实，二来如果北鞬支惹怒班超，他们可以推卸责任。班超见只有北鞬支一人来迎接大军，马上就猜到了3位国王的心思，也就将计就计。他一面严厉斥责北鞬支说："汝虽匈奴侍子，而今秉国之权，都护自来，王不以时迎，皆汝罪也。"一番话吓得北鞬支浑身哆嗦，他唯恐班超会接受手下人的建议，把他杀掉。但班超并未如此，他说："此人权重于王，今未入其国而杀之，遂令自疑，设备守险，岂得到其城下哉！"（同上书）确实，按当时的情况看，北鞬支虽然是匈奴人，但也是征服焉耆的一大障碍，又作恶多端，确实该杀，但他毕竟控制焉耆等3国多年，势力很大，杀其一人而使敌人对自己招降的诚意失去信心，转而据险守备，顽抗到底，将会得不偿失。基于这样的考虑，班超不但没杀北鞬支，反而送给他许多礼物，然后放他回国了。

焉耆王广见北鞬支竟然安然无恙地回来了，终于放下了一颗悬着的心，于是，他只得带着许多珍贵的礼物和尉犁王、危须王一起到边境来迎接班超。虽然如此，狡猾的焉耆王仍不打算归附汉朝。他认为，班超毕竟远离汉王朝内地，而自己的国家比尉犁、危须都强大，焉耆又四面环山，地势险要，易守难攻，首都南河城周围尚有一条15千米长的大河环绕，凭这些还是可以和班超比个高下的，怀着这样的鬼胎，焉耆王表面上装出一副不在乎的样子，也表示回去和大臣们商议之后，就正式举行会谈，归附汉朝。谁知，他一回去，马上就将进入焉耆的要道上的一座叫作"苇桥"的桥拆掉，以切断班超进攻的路线。

焉耆王的这一举动彻底暴露了他对汉朝的敌视态度，班超其实早就看透了他的险恶居心，也早就做好了两手准备。他事先已派人探清，要进入焉耆，除了"一夫当关，万夫莫开"的苇桥外，还有一处地方的河

焉耆国遗址

水较浅,可以涉水过河。现在,时机终于成熟,正当焉耆王得意自己的聪明时,班超下令大军从此处渡河,以迅雷不及掩耳之势,直插焉耆王城,进到距王城只有10千米的地方扎下大营。

扬扬自得而又自以为是的焉耆王做梦也没想到,班超的大军会像神兵一样出现在自己的眼皮底下。一听到消息,他恐慌极了。他知道这一次班超决不会再受骗而轻易地放过自己,于是他和手下大臣密议,打算将老百姓赶进深山,据险抵抗。然而,就在焉耆王正惶惶不安地离开王城时,班超却又派人送来一封信,信中约3国国王会谈,并说要赠送他们一大批厚礼。

班超之所以一再忍让，主要是不愿危及3国无辜的人民。哪知狡诈贪婪的焉耆王却以为班超软弱可欺，又舍不得班超所说的厚礼，就带着尉犁王和北鞬支等人依约前来。班超见危须王和焉耆国的国相腹久（人名）等都没来，就知道焉耆王又在耍花招了，但他仍不动声色，反而大张旗鼓地设宴招待焉耆王一伙。等到他们酒足饭饱，完全放松了警惕之后，班超却突然站起来，义正词严地斥责焉耆王和北鞬支一伙的累累罪状和险恶居心，随即命人将他们抓起来，并将焉耆王广、尉犁王泛两人押到前都护陈睦被害之处，将他们处决。对其余大臣，则一概不究，依旧留用。

擒贼先擒王。焉耆的大臣和百姓们本来就不愿和汉朝作对，只是受国王挟制而已，现在，他们见国王已被铲除，马上都表示真心归附汉朝。班超对他们也不计前仇，好言抚慰，并分别为3国择立了亲近汉朝的新国王。

经过22年艰苦卓绝的斗争，至此，西域大小共54国终于都摆脱了匈奴的控制，重新归附了汉朝。西域各国百姓又重新过上了安居乐业的生活，中西商道上也重新出现了多年不见的商旅络绎不绝、贸易繁荣昌盛的景象。班超通西域的任务终于胜利完成。为了表彰班超的奇勋，永元七年（95），汉和帝特地颁发了一封诏书，书中说："往者匈奴独擅西域，寇盗河西，永平之末，城门昼闭。先帝深悯边萌婴罗寇害，乃命将帅击右地，破白山，临蒲类，取车师，城郭诸国震慑响应，遂开西域，置都护。而焉耆王恃其险隘，履没都护，并及吏士。先帝重元元之命，惮兵役之兴，故使军司马班超安集于阗之西。超遂逾葱岭，迄县度，出入22年，莫不宾从。改立其于，而绥其人。不动中国，不烦戎士，得远夷之和，同异俗之心，而致天诛，蠲宿耻，以报将士之仇……其封超为定远侯，邑千户。"（《后汉书·班超传》）最终，班超终于实现了他"万里封侯"的远大志向。

5. 彪炳史册

班超的事业成功了，但他也为此付出了毕生的心血。从班超第一次出使西域，到这时已整整22个年头了。第一次出使时，他才40岁，现在已是年近古稀的老人了，加之20余年的戎马生活、复杂激烈的斗争、艰苦的环境严重地损害了他的健康，他渐渐产生了浓郁的思归之情。他怀念故乡的山山水水，思念久别的家人亲友，常常夜不能寐，一夕数惊。因此，5年之后，班超在进一步安定西域之后的汉和帝永元十二年（100），提笔给汉和帝写了一封奏疏，倾诉了自己对祖国的依恋之情。奏疏说道："臣闻太公封齐，五世葬周，狐死首丘，代马依风。夫周齐同在中土千里之间，况于远处绝域，小臣能无依风首丘之思哉？蛮夷之俗，畏壮侮老。臣超犬马齿歼，常恐年衰，奄忽僵仆，孤魂弃捐。昔苏武留匈奴中尚十九年，今臣幸得奉节带金银护西域，如自以寿终屯部，诚无所恨，然恐后世或名臣为没西域。臣不敢望到酒泉郡，但愿生入玉门关。臣老病衰困，冒死誓言，谨遣子勇随献物入塞。及臣生在，令勇目见中土。"（《后汉书·班超传》）这位在沙场上面对异国之敌时都不曾畏难眨眼的英雄，这时却百感交集、情意绵绵了。

然而，对于封建时代的帝王来说，他们可以让臣下为他们冲锋陷阵，甚至不惜牺牲生命。但对于臣下的幸福、人性的尊严、人间的亲情乃至生命，他们是不会挂在心上的。就在班超尚在满怀希望地等待调回国的消息时，汉和帝却沉湎于像班超这样的忠臣们为他营造的太平景象之中，对班超的奏疏竟拖了3年多都未给批复。班超的妹妹班昭也十分思念和关心远在西域的二哥，此时，她虽然因博通经书礼仪而受到和帝的赏识，被延请为宫中皇后妃嫔的女教师，但她个人的生活却十分不幸——早年丧夫，一直守寡，大哥班固也因卷入高层的政治斗争而冤死狱中，年迈的二哥还远在西域，此生尚不知能否再见一面。她见汉和帝对二哥的请求不予理睬，便利用自己的特殊身份又给和帝上了一封奏章，备述了班超的功绩和年老多病的惨状，陈述了希望一家团聚的迫切心情。

汉和帝看到班昭的奏疏之后，才知班超是班昭的哥哥，也才又想起远在异国他乡的班超和他的丰功伟绩。于是，在时隔了3年多之后，和帝终于下诏调班超回国。

班超辗转西域31年，现在，终于接到了皇帝的诏书，让他得回自己的故乡和祖国，不禁百感交集。31年，他把人生中最美好、最壮丽、最有价值的岁月，都无私地奉献给了汉朝廷。西域是他的第二故乡，离别之际，他老泪纵横，既为能实现还乡之愿而高兴，也为告别他生活奋斗多年的土地和人民而伤心。就在这种悲喜交集的心情之中，汉和帝永元十四年（102）八月，班超终于回到了东汉首都洛阳。也许是回归故国，见到家人的心情使他太激动，他很早就有的胸痛病，不久复发，而且很快恶化。就在这年的九月，这位叱咤风云、智勇双全的老英雄便与世长辞了，终年71岁。

班超虽然去世了，但他所开创的伟大事业并没有终结。不久以后，在中国各民族友好团结的历史上，又出现了一位令人钦敬的英雄，这就是班超的儿子班勇。

在班超归国时，朝廷决定调原任成己校尉的任尚去接替班超的西域都护一职。任尚与西域各国也有多年的交往，但他刚愎自用，蛮横粗暴，所以上任不久，西域的形势就急转直下。早在任尚接任都护时，班超就曾告诫任尚，说西域不比内地，西域的士兵除了少数希望立功边疆的壮士外，大多数都是在国内犯了罪才发配来的，他们很不容易统领。而西域本土，由于国家林立，民族众多，风俗习惯也有很大不同，人的性情与内地人也有很大差别。因此，对这些人不能要求得太严太急，凡事应该慢慢来。班超说，常言道，水至清则无鱼，督察太严就容易失去下面人的拥护，所以，凡事应以宽大为主，政令要简单易行。

　　班超的一番告诫是他半生经验的总结，虽听起来很平常，其实却是用血汗换来的，但骄傲而又自以为是的任尚却没有接受，反而嘲笑班超之言平淡无奇。他接任之后，一意孤行，搞得手下将士离心离德，自己人削弱自己人。任尚还对西域各国王公作威作福，以征服者自居，有时甚至和原来的匈奴一样，随意凌辱他们，各国王公也恨透了他。加之此时在汉王朝内部又有一连串变故，国力也大为削弱，原来已被击溃的匈奴经几年恢复，又死灰复燃，重新与汉王朝争夺西域。在这诸种因素的作用下，西域的许多国家又纷纷背叛汉朝，投向匈奴一边，西域局势迅速恶化。汉殇帝延平元年（106），汉王朝派梁懂为副都护，前往辅助任尚，试图扭转西域局势，但梁懂还没赶到，任尚就已被西域各国从都护府所在地赶了出来。于是，到汉安帝永

西域都护府遗址

初元年（107），东汉王朝又不得不下令撤销西域都护府和伊吾、柳中的屯田将士，西域的交通再一次完全断绝。此时，距班超回国才5年时间。

东汉政府经过几年主战派和保守派的斗争，稍微积蓄了些国力，于是，安帝延光二年（123），朝廷又任命班勇为西域长史，率500人屯田柳中。

班勇是班超的二儿子，他生在西域，也长在西域，直到汉和帝永元十二年（100），才随乌孙国朝贡的使者回到汉朝。可以说，他几乎算得上是西域人。他跟随班超转战南北，从小就很注意观察、了解西域各国的风土人情、地理形势，对各国的政治、经济、军事状况更是了如指掌，是一个国内无人能比的西域问题专家，后来，他还曾将自己的亲身体验和所见所闻编成了著名的《西域记》一书，这部书现已编入《后汉书·西域传》中，是后世研究西域史、亚洲史和我国少数民族史的珍贵资料。因此，汉王朝此次选派班勇再通西域，可以说再合适不过了。

班勇领命之后，又像他父亲当年一样，满怀壮志豪情地向西域进发了。他首先来到了鄯善国，鄯善国是当年班超出使西域的第一站，和汉王朝的关系一直较好。现在他们处于匈奴的压力下，也一直盼望汉朝再次征服匈奴，所以一听是班超的儿子班勇领兵，他们马上上表归附。班勇以此为基础，又以鄯善为例做工作，终于又使龟兹、温宿、姑墨几国顺利地倒向了自己，恢复了关系。在积聚了一定力量之后，班勇又进一步向车师前部挺进，较顺利地击败了盘踞在那里的北匈奴势力，使北道的咽喉重新畅通。

汉安帝延光四年（125）秋天，班勇又从敦煌、酒泉、张掖等郡征调6000名骑兵，会合鄯善、疏勒、车师前部各国军队，突袭车师后部国王军就（人名），一战即歼敌8000余人，俘获军就和匈奴使者。第二年冬天，又征发西域各国兵马，一举击溃匈奴的呼衍王部，俘获匈奴单于的堂兄，班勇又命新扶立的车师后王加特奴亲手处决了他，断绝了车师后部再投靠匈奴的可能。

征服北匈奴之后，北道上只有一个焉耆国尚未归附。汉顺帝永建二年（127），班勇上奏朝廷，请求出兵配合。朝廷受班勇的成就鼓舞，立即派敦煌太守张朗率领河西四郡的军队，出塞配合班勇，又调集西域各国部队40000余人，相约班勇从南道，张朗从北道，依期合击焉耆。

真是天有不测风云。原来，张朗在敦煌太守任上时犯了死罪，因他在朝廷内有关系，于是改为戴罪出征，将功赎罪。张朗得逃一死，急于立功，竟然违背期约，提前到达焉耆，并率兵攻城。焉耆国王抵挡不住进攻，就派使者求和。张朗十分得意地接受了投降，然后迅速班师回国，向朝廷邀功请赏，并卑鄙地诬蔑班勇不按约期合击，延误了军机。昏庸的东汉朝廷也不追究事情真相，竟听信张朗的一派胡言，下令逮捕了班勇，将他打入监狱。或许是班勇与其父班超的卓越功勋声动天下，班勇总算免于一死，但却被剥夺了权力，放逐回老家闲居去了。从此，这个曾为国立功、文武兼备的将才再也没被起用，最后郁郁地死在家乡。

中国历来是一个多民族的国家，在中华民族形成、壮大的历史过程中，西域各少数民族是较早汇入这个大家庭的成员之一。在这个融合的过程中，有许多可歌可泣的故事，也有许多可歌可泣的英雄人物，我们甚至可以说，正是这些杰出人物勇于付出他们的才智、胆识、心血，甚至生命，才有了我们今天各民族团结友好的景象。班超父子无疑是其中较突出的两位。

班超父子为西域的内附和繁荣付出了他们毕生的精力。在他们的奋斗过程中，虽然不可避免地带有他们那个时代和他们所属阶级的局限性，但总的说来，他们的斗争，是符合历史发展需要的，也是符合西域各少数民族的发展和广大人民的愿望的，正是这些客观形势的需要，为他们提供了广阔的历史舞台，让他们充分发挥了才智，演出了一幕幕令后人永远钦敬和赞颂不已的光辉史剧。

班超父子，尤其是班超的外交、军事才能，他那坚韧不拔的奋斗精神以及知人善任、能容人过的品质，也是他留给后人的一笔宝贵的财富。他在西域恶劣的环境中度过了30余年的戎马生活，驰骋几万里，转战数十国，那远大的志向和坚强的毅力，应值得我们永远地学习和怀念。

延伸阅读

解忧公主与女外交家冯嫽

冯嫽，西汉时期著名政治家、外交家，也是中国

冯嫽像

历史上首位女性外交家。汉武帝太初四年（前101），冯嫽随解忧公主和亲远嫁乌孙国。多才多智的她是解忧公主的得力助手。其间冯嫽施妙计智救追杀匈奴伏兵的乌孙右大将，二人一见倾心，后嫁给乌孙右大将。除了女外交家的身份，冯嫽更是卓越的文武双全的女军事家。她冒着生命危险，深入敌军险境智斩凶顽，瓦解敌军，还以非凡的韬略清除内奸，歼灭敌军。冯嫽多次以女子身份作为皇帝的正式使节，到异邦进行外交活动，协助解忧公主加强了汉朝同西域诸国的友好往来。她曾三回汉朝，及时地制止了汉朝与乌孙之间的杀伐。冯嫽智勇双全，胆识和才具不输男子，她既有政治才能，又善外交，所以在西域各国声誉很高，被尊称为"冯夫人"。

约在汉武帝太初四年（前101），汉室宗楚王刘戊的孙女解忧公主到西域去"和亲"。冯嫽是一位随行的侍者，后来这位冯嫽"锦车持节"，以特使身份到乌孙国议事，成为中国历史上第一位非凡的女大使。她的事迹被记载在《汉书》中。

中国的"和亲"策略，最早在春秋末期曾昙花一现。战国中期，燕、赵、秦三国之北，有两个游牧民族为患，就是东胡和匈奴，二者又被统称为胡。在春秋末叶，匈奴为祸于赵国。赵简子为求得北方安宁，曾与匈奴通婚。

到了汉朝，中国本土统一，匈奴部落在漠北也统一了。匈奴汗国由冒顿单于统领，其面积之大，超过汉朝，成为对汉朝最大的威胁。公元前200年，刘邦想趁刚刚击败项羽、统一中国的余威，率大军向匈奴进攻。结果，刘邦大败。

就在刘邦兵败匈奴后不久，娄敬向刘邦提出了"和亲"的策略，刘邦接受了娄敬的这个策略，就选了一位皇族的女儿，封为公主送到匈奴汗国。可惜史书上对这位和亲的公主没有记载，也不知她下落如何。

到公元前1世纪，匈奴对汉朝的威胁已不似汉初那么严重了。为防止匈奴汗国复起，汉廷一方面联络西域的邻国乌孙，以"断匈奴右臂"，同时继续推行同邻国的"和亲"政策。

汉武帝元封六年（前105），乌孙昆弥（国王）派人送良马到长安，并提出愿娶汉室公主。乌孙也想以同汉室友好、联姻来牵制匈奴。于是，汉武帝把江都王刘建的女儿刘细君嫁给了乌孙昆弥猎骄靡为妻。史称刘细君为乌孙公主或江都公主。匈奴听到汉朝与乌孙"和亲"的消息后，担心乌孙同汉室关系进一步密切，与己不利，于是匆匆把匈奴的一位公主也嫁给了乌孙王。猎骄靡定刘细君为右夫人，匈奴女为左夫人。

刘细君这位尊贵的王女远嫁异国他乡，吃的是半生不熟的兽肉，饮的是腥臊难咽的生乳，实在是无法适应，她便将胸中创痛发泄于诗歌之中。刘细君有一首《悲愁歌》流传后世，也是第一首"和亲"公主留下的哀怨诗：

> 吾家嫁我兮天一方，远托异国兮乌孙王。
> 穹庐为室兮毡为墙，以肉为食兮酪为浆。
> 居常土思兮心内伤，愿为黄鹄兮归故乡。

当时昆弥已年老，且和公主言语不通，公主悲愁思归。汉天子只不过问遣使送去些帷帐锦绣之物，何能慰勉她的苦楚呢？不久，猎骄靡病故，其孙军须靡继为昆弥。按乌孙风俗，刘细君得嫁给军须靡为妻。几年后，刘细君终因郁悒而终。

刘细君去世后，为巩固同乌孙的关系，汉武帝于太初四年（前101）将解忧公主嫁给军须靡。解忧公主是西汉宗室楚王刘戊的孙女。解忧公主嫁给军须靡不久，军须靡去世。按风俗，解忧公主又嫁给继任昆弥翁归靡为妻。解忧公主同翁归靡共同生活30余载，直到元康二年（前64），翁归靡去世。

解忧公主初到乌孙时，20岁左右，在乌孙生活了近半个世纪，生有三子二女。她与刘细君截然不同，她一直活跃在西域的政治舞台上，积极配合汉朝，遏制匈奴，为加强、巩固汉室同乌孙的关系做出了贡献。

汉昭帝末年，匈奴大举进攻乌孙的同时，南袭汉边。解忧公主立即上书昭帝，提出汉、乌联合出兵匈奴的建议。她向昭帝表示，乌孙"愿发国半精兵，自给人马五万骑，尽力击匈奴"（《汉书·常惠传》）。汉廷采纳了她的建议。汉宣帝本始二年（前72），汉、乌孙联军20万，东西夹击匈奴。这次行动获全胜，使匈奴大伤元气，从此一蹶不振，汉朝北边的威胁基本消除。

解忧公主的子女长大

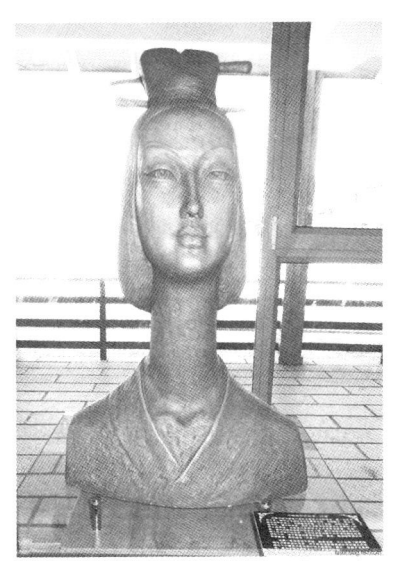

解忧公主像

后,活跃在西域各国的政治舞台上,发挥着重要作用。长子元归靡,后来为乌孙国王;次子万年,为莎车国王;三子大乐,为左大将;长女弟史,与龟兹王成婚,汉朝给他们印绶,号称弟史为"公主";小女素光,为若呼翎侯妻。他们对西域各国同汉朝保持友好关系起了很大作用。

甘露三年(前51),解忧公主上书汉帝,表示"年老思土,愿得归骸骨,葬汉地"(《汉书·西域传》)。汉帝同意她的请求,派人迎她归汉。当解忧公主回到长安时,已是70多岁的老妪了。她回国后两年,即公元前49年去世。她的三个孙子留守在她的坟墓旁。

冯嫽随公主"和亲"来到乌孙,不久嫁乌孙右大将军为妻。冯嫽"能史书,习(胡)事,尝持汉节为公主使,行赏赐于城郭诸国,敬信之,号曰冯夫人"(同上)。

乌孙部族约于公元前129年由祁连、敦煌一带迁移至今伊犁河和伊塞克湖一带,以后逐渐融合于今哈萨克等民族。

汉宣帝甘露元年(前53),乌孙肥王翁归靡与娶自匈奴的妻子所生的儿子乌就屠自立为昆弥,而肥王与解忧公主所生之长子元归靡却不得立。当此汉匈激烈争夺对乌孙控制权之际,汉朝廷欲发兵征讨。

情况十分紧急,汉宣帝亲自做工作,"征冯夫人,自问状"。然后，派她出使乌孙，解决那里的王位之争，把解忧公主所生儿子扶上王位。冯夫人与乌孙上层关系密切，其夫乌孙右大将军与自立为昆弥的乌就屠关系很好，再加上冯夫人本人在西域城郭诸国之间享有崇高威望，宣帝相信她定能不辱使命，不负汉朝所望。

冯夫人接受诏书之后，"锦车持节"，前往乌孙。这时，驻西域都护郑吉也向冯夫人献计，"使冯夫人说乌就屠，以汉兵方出，必见灭，不如降"。冯夫人把乌就屠召到乌孙都城赤谷城，晓以利害，"乌就屠恐，曰：'愿得小号。'"。同时冯夫人还做乌孙上层的工作，进行调停，终于达成有利于汉朝的协议，改立解忧公主之子元归靡为昆弥，乌就屠降为小昆弥。冯夫人给二昆弥皆赐印绶，圆满解决了乌孙上层的王位之争，使汉朝在与匈奴争夺西域的斗争中赢得了重要的一个回合，对促进汉与西域的关系做出了特殊贡献。

"明习外国事，勤劳数有功"的外交家常惠

常惠，出生年代不详，去世于汉元帝初元三年（前46），西汉时期的大臣，他的一生历经汉武帝、汉昭帝、汉宣帝三朝，是汉代著名的外交活动家。汉昭帝时，受命和苏武一起出使匈奴，被扣押19年，保持名节，不辱使命。以后汉宣帝时，常惠又奉命六出西域，

乌孙国遗址

在沙场上立下汗马功劳,为乌孙国的安危和汉朝在西域的经营做出了卓越贡献。

天汉元年(前100年)苏武奉命以中郎将持节出使匈奴,此时年轻的常惠自愿以苏武副使的身份一起出使匈奴。出使匈奴后,正当苏武、常惠等人准备归汉之际,匈奴内部出现谋反事件。因为副使张胜也参与其中,匈奴便将包括苏武、常惠在内的汉使者扣押在匈奴19年。其中著名历史故事"苏武牧羊"就发生在这一历史时期。

后元二年(前87),汉昭帝刘弗陵即位后,匈奴与汉朝的关系出现了缓和,汉朝廷要求归还苏武、常惠等使臣，但匈奴谎称苏武已经死去。后来汉朝廷再次派使臣到匈奴，常惠趁机偷偷见了汉朝使臣，讲述了被扣押的真实情况。

为了归汉，常惠想出了一个办法，让使臣见到单于时说，皇帝在射猎时射下一只大雁，大雁的脚上系有苏武的帛书，说他还在北海，并威胁说，大雁捎书乃是不可违抗的"天意"。单于只好放了苏武、常惠等人。

始元六年（前81），常惠随苏武等人终于回到了阔别已久的家乡。常惠与苏武一样始终不向匈奴投降，不改民族气节。因其历尽艰辛，不辱使命，终于回到汉朝，常惠被封为中郎，又拜为光禄大夫。

汉昭帝末年，乌孙国受到车师与匈奴联合侵扰。解忧公主（汉朝"和亲"公主）上书请求汉朝廷支援乌孙国。当时恰逢汉昭帝去世，支援乌孙国之事暂时搁置。常惠出使之时，是匈奴大举进攻乌孙国的时候。车延、恶师等地已被匈奴攻陷，受到匈奴胁迫的解忧公主派人找到常惠，请求汉朝廷发兵支援乌孙国，反击匈奴。

汉宣帝本始二年（前72），常惠接受汉宣帝任命出使西域各国，乌孙国就是其中之一。当时的西域各国在战略地位上十分重要，如果让匈奴控制了这些小国，就可以从西面轻易侵犯汉朝；反之，汉朝如果能争取到这些小国的话，就能保障西北边境的安全。

认识到匈奴控制西域各国的危害性，不久，汉朝廷发铁骑16万兵马，分五路攻打匈奴，同时指示在西域的常惠前往乌孙，联合乌孙5万骑兵，与汉军一起合击匈奴。至第二年（前71）冬，匈奴军战败，汉朝与乌孙联军大获全胜。此役为两汉400余年里最大规模的一次抗击外敌的骑兵出征。战役的胜利，结束了匈奴长期控制西域的局面。常惠因功受到宣帝嘉奖，被封长罗侯，不久又代去世的苏武，出任典属国一职。

这一时期，常惠还联合乌孙、莎车、疏勒，击败龟兹，不仅促成了汉朝廷与龟兹的联系，还使得丝绸之路更加畅通无阻，引得中西商旅来往不绝。龟兹王绛宾自知没有足够的能力抵御，便决定加强与汉王朝的联系。在这种情况下，西汉朝廷才能在龟兹东边的边防重镇乌垒（今轮台东）设西域都护府，其中常惠在这件事中功不可没。汉宣帝甘露年间（前53—前50），又升任右将军，同任典属国一职。

汉元帝初元三年（前46），这个西汉外交家去世，谥"壮武侯"。班固在《汉书·常惠传》中评价常惠："明习外国事，勤劳数有功。"

秦汉时期中外文化艺术的交流

秦汉、魏晋南北朝时期，中国的文化艺术大量地传向朝鲜、日本诸地区，另一方面，印度、希腊与罗马的文化艺术又源源地向中国传来。尤其值得注意的是作为希腊艺术与印度艺术结合体的犍陀罗艺术的东来，更给中国的传统艺术风格带来了重大影响。

1. 中国文化艺术的外传

（1）汉字与汉文学的东渐。汉字与汉文学具有悠久的历史与异常丰富的内涵，是中国先进文化的结晶。秦汉、魏晋南北朝时期，汉字与汉文学以黄河、长江两大文明区域为中心向四周辐射。海外日本、朝鲜地区都陆续吸收了汉字与汉文学。高句丽无本民族文字，建国后即大力倡导汉字、汉文化，并

犍陀罗艺术佛像

模仿中国在国都平壤设立太学，运用汉文书籍进行教授。因此，高句丽境内，汉文"五经(《易》《书》《诗》《礼》《春秋》)、三史(《史记》《汉书》《三国志》)"等典籍十分流行。(《北史》卷九十四《高丽传》)百济也屡屡遣使到南朝求书，其国内士人爱好中国"坟史"，"其

秀异者颇能属文"。百济王余隆（武宁王）墓中出土的墓志及买地券均以汉字写成，而且墓志文风、内容均与南朝墓志相似。由百济为媒介，中国文化又传入日本，考古发掘表明5世纪前期，九州地方已开始使用汉字。到南朝时代，日本的汉文水平已相当出色。例如日本学者木宫泰彦所称："《宋书》《南史》等所载倭王武（雄略天皇）上宋顺帝之表文，有六朝风韵，骈俪体裁，堂堂大文，毫无和臭。"

（2）中国传统思想的东传。秦汉、魏晋南北朝时期，中国的儒家与佛教思想陆续东传，高句丽、百济、新罗都较早接受了儒家思想，并奉为正统。日本的儒家思想则由百济传入，285年（应神天皇甲辰年）寓居百济的汉人王仁东渡至日本，"献《论语》十卷，《千字文》一卷，于是皇太子从学焉"（《大日本史》卷二一四）。此后，日本"大阐儒风"。应神之子仁德天皇在位时，已能讲出"今百姓贫之，则朕贫也，百姓富之，则朕富也"（同上）的地道儒家语言。这完全是《论语》中"百姓足，君孰与不足，百姓不足，君孰与足"的翻版。仁德之后，更有一些经学博士远抵日本，促进了儒学的流行。继体天皇时，有五经博士段杨尔、高安茂自百济至；钦明天皇时，有五经博士马丁安、王柳贵，易博士王道良自百济至，儒家思想构成了日本传统思想中的重要内容。

（3）佛教思想的东传，略晚于儒学。372年左右，高句丽由前秦输入佛教。384年，百济也由东晋传入了佛教，其国内"有僧尼、多寺塔"。梁武帝时，百济遣人至建康表请涅槃等经义。3—4世纪初，日本已由中国江南地区输入佛教艺术品，主要是铜镜中的佛像图案。不过，佛教正式传入日本，还是6世纪中叶经百济传入的。钦明天皇十三年（552）百济将铜佛像及幡盖经论输往日本，577年，又有"经论若干卷及律师、禅师、比丘尼咒禁师、造佛工、造寺工"抵日本。（《日本书纪》卷二十）此后，日本佛教渐盛，到隋唐时代，已可直接与中国进行佛教往来。

（4）儒、佛之外，中国的一些其他思想也传入海东诸国，如百济建国之初就由辽东输入了五帝神，中国的蓍龟、相术及阴阳五行说也传入诸国。不过，这些都未占据主导地位。

（5）中国建筑与艺术的影响。中国的建筑形制与风格早在上古时代就影响到了朝鲜半岛与日本列岛。至秦汉、魏晋南北朝时期，随着双边关系的发展，中国工匠及建筑技术越来越多地流入这两个地区，朝鲜忠清南道公州郡守山里古坟出土有"梁官瓦为师矣"铭文的莲花砖纹，正说明百济引入南朝工匠及工艺技术的事实，其建筑风格必然受到中国的较大影响。以武宁王（百济王余隆）墓为例，此墓为带甬道的大型单室砖墓，墓室的左右两壁和后壁都砌有砖雕的直棂窗，窗的上部设灯龛，墓前方还有砖砌下水道。整个墓的形制、结构都与中国南朝陵墓酷似。地下陵墓是地上建筑的缩影，由此可以看到中国建筑风格的影响。日本建筑也通过百济受到中国风格的影响，例如大和时代的法隆寺，或以为是中国北魏式，或认为"属南朝派"。不论哪一说，都不否认受中国风格的影响。

（6）除建筑外，中国艺术也源源流向朝鲜与日本地区。百济曾从梁朝邀去画师、雕塑工匠多人，其中有些人又辗转至日本，这必然对当地的艺术风格产生影响。百济武宁王墓砖画纹图案以及石雕神兽都明显带有南朝风格，石雕神兽与南朝镇墓兽几无两样。在日本各地，也不断有这一时期的中国式铜镜出土，这些

武宁王墓

铜镜或由中国直接输入，或由居日本之中国工匠制作，或为日本民间艺人仿制，均有浓郁的六朝风格。日本奈良新山古坟出土的铜带饰，其形制、花纹，均酷肖于西晋周处墓出土之物，这也可见中国艺术风格的影响所在。

（7）中国生活方式的影响。中国古代的生活方式主要对日本、朝鲜、占婆（今越南中部）等地区产生了较大影响。其中最突出的是对日本的影响。据《日本书纪》雄略天皇十四年（469）的记载，当时日本曾向南朝求取织工与缝衣工，据此可认为日本服饰应当受到了中国南朝的影响。据《魏书·倭人传》，3世纪时，倭人男子"其衣横幅，但结束相连，略无缝"，妇人"作衣如单被，穿其中央，贯头衣之"。南朝梁元帝时的职贡图中所绘倭国使上身赤裸，仅披结束相连的横幅，下面赤足无履，形象正与《倭人传记》载略同。到公元五六世纪，日本衣饰有了一个较大变化，以群马县伊势崎市八寸古坟出土的礼装男子埴轮与女子埴轮为例，男子所着已不是结束相连的横幅，而是上着交领衣，下着长裤，膝下以带结缚，很像当时中国流行的袴褶。妇人所穿也不再是贯头衣，而是近似中国长裙的衣着。（参见《日本原始美术大系》3，讲谈社，1977年版）这种衣饰习惯在日本存在了相当长的一个时期。

2. 西方文化艺术的东渐

（1）音乐与舞蹈。西汉武帝以前，中国音乐、舞蹈与外部世界的交流尚不多见，中国乐器以钟、鼓、磬、钲之类的打击乐为主，笙、簧、琴、瑟等管弦乐为副，歌舞场面与乐队配署都比较简单。张骞通西域后，外部世界的乐器始大量输入，如箜篌，本为印度乐器，西汉时传入中国，武帝曾令乐人侯调仿制，以祠太一后土。东汉时，又经由西域输入了一种竖箜篌，并出现了适合这种乐器演奏的《箜篌引》。又如琵琶，是古代印度与波斯的乐器，也是汉代传入，或写作"批把"，晋代方固定为"琵琶"。后经中国音乐家的改制，成为中国的传统乐器。此外，其他如觱篥、笛、胡角等许多乐器也在这一时期传入。乐器的大量输入构成汉代西方乐舞东渐的一大特点。魏晋南北朝时期，乐曲的输入是这一时期的重要特色。十六国时期，印度地区的天竺乐就输入前凉，后渐入内地。北魏与北周时期，先后从安息输入了安国乐，从康居地区输入了康国乐，又由朝鲜半岛输入了高丽乐与百济乐。南朝则传入了扶南乐。与乐曲传入的同时，弹奏乐曲的成套乐器与乐工的服饰衣着也一并传入。例如高丽乐，即有"弹筝、卧箜篌、竖箜篌、琵琶、五弦……腰鼓、齐鼓、担鼓、贝等十四种"乐器同时输入，乐工都着"紫罗帽、饰以鸟羽、黄大袖、紫罗带、大口裤、赤色靴"（《隋书·音乐志》),这在艺术交流史上颇具特色。

（2）与乐曲输入的同时，异邦舞蹈也源源而来。传入的各国乐曲中都有舞曲若干，例如安国乐中有"末奚"舞曲，高丽乐中有歌芝栖舞曲，天竺乐中有天曲舞曲。在这一时期画像石及铜镜中保留的舞蹈形态中也很容易发现外来影响的痕迹。与外部世界艺术交流的同时，周边少数民族的乐舞也不断内传。它与这一时期的中外艺术交流一道为唐代乐舞的繁荣打下了良好的基础。

（3）建筑、绘画与雕塑。中国古代建筑所受外来影响一直不大，秦汉、魏晋南北朝时期，唯佛塔建筑的传入值得一提。中国佛寺相传初建于东汉明帝时，佛塔之传入当亦与之同时。至魏晋南北朝时期，佛塔建筑已十分风行，比较著名者如北魏洛阳永宁寺的宝塔，"举高九十丈，有刹复高十丈，合去地一千尺，去京师百里已遥见之"。登临此塔"视宫中如掌中，临京师若家庭"(《洛阳伽蓝记》卷一，"永宁寺"条)。初期佛塔建筑，受到较多的印度、中亚建筑风格的影响，但以后渐渐糅合了中国传统的建筑风格，使之成为中国古典建筑艺术中的一枝奇葩。

（4）与佛教的传入大致同时，西方绘画艺术也大量传入。东汉明帝所建佛寺中就有佛教壁画。到魏晋南北朝时期，佛教画已十分兴盛，中亚与天竺的绘画技法自然也随之传入中国，为中国画家借鉴、吸收。南朝画家张僧繇即善画寺院壁画,受到较多的印度画法的影响,史称其"殊方夷夏,实参其妙"(南朝·姚最:《续画品》)。他以前的中国画画面多受线条支配,凹凸不易显示,张僧繇吸取了天竺的晕染法,增加了画面的立体感。大同三年(537),梁朝曾建一乘寺,"寺门遍画凹凸花,代称张僧繇手迹。其花乃天竺遗法,朱及青绿所成,远望眼晕如凹凸,就视即平。"(唐·许嵩:《建康实录》卷一七)时人固称一乘寺为凹凸寺,这在中国画史上影响颇大。此后,晕染法便成为中国画的基本技法之一。

雕塑与绘画相比,所受外来影响更大。汉代石刻艺术品中常可见到有翼神人及蛇身双翼的图案,一望便知这不是中国固有的风格,而是希腊艺术在中国的变体。魏晋南北朝时期,佛教雕塑迅速发展,犍陀罗风格与中国传统雕塑风格汇合而成的石窟寺艺术,堪称中外艺术交融的典型。著名的云冈、龙门、麦积山、敦煌等石窟都建于此时或始建于此时。这一时期是中国雕塑艺术的繁盛时代。

(6)语言文字。随着中外文化交流的频繁,中国传统的语言文字开始渗入外来因素。中亚、印度一带的语言词汇被移植入中国语言中,如琉璃、葡萄、琵琶等皆是,尤其通过佛经的翻译更丰富了我国的语言。现在流行的一些词汇如"世界""刹那""功德无量""五体投地"等都源于佛经，在语法方面则使汉语中增加了倒装句与提挈句。另外，梵音也对中国文字产生了一定影响。南朝永明体诗人以及《四声切韵》《四声论》著作的出现就在一定程度上受到了梵音的影响。至唐末，有僧人宋温根据梵文字母的体系创制了36个字母，为中国声韵的发展奠定了基础。

（6）外来文化对中国古典文学也产生了一定影响。秦汉、魏晋南北朝时期，以佛教文化的影响最为突出。两晋的玄言诗中往往掺杂着佛家思想与佛教典故，佛经中的寓言故事也很快汇入到中国古典文学的创作中，六朝神怪文学的发达即与此息息相关。

（7）杂技与其他。杂技在中国有悠久的历史。西汉武帝以后，西方杂技艺术大量涌入，备受朝野青睐。有"都卢寻橦"、跳剑丸，以及幻术中的"变化吐火、肢解、易牛马头""种树植瓜"等节目。观赏杂技已成为汉代一项普及性的娱乐活动。不过，这一时期的外来杂技艺术还往往由"外国客"表演，尤以大秦、安息人居多。至魏晋南北朝时期，杂技艺术中的外来部分已完全中国化了，而且在中国这块艺术的土壤上获得了更大发展。南北朝时期规模最大的"鱼龙烂漫之戏"，即西汉时由西方传来，后又得以发展与提高，梁朝演化为"变黄龙，弄龟伎"，北朝则为"鱼龙烂漫"。幻术方面，魏晋与刘宋时代的"画地成川"，梁朝的"吞剑伎"，北朝的吞刀、吐火、拔井、种瓜、杀马、剥驴等项目，均本于东汉传入之外国魔术而又多有改进与提高，已汇入中国魔术的序列。

中国到波斯湾第一人——甘英

甘英，生卒年不详，字崇兰，东汉时期著名外交家。汉和帝永元九年（97），班超派遣甘英出使大秦，即今天所说的罗马帝国。从龟兹（今新疆库车）一带出发，甘英一行人向西走到疏勒（今新疆喀什），翻越葱岭（今帕米尔高原），经过大宛（今乌兹别克斯坦费尔干纳盆地）、大月氏到达安息（波斯帕提亚王国，今伊朗境内），最后到达安息西界的西海（今波斯湾）沿岸。行至此，未能继续下去。

到达波斯湾的甘英等人正打算渡海，当地人对他说，此地海域宽广，想要横渡不容易，顺风时需3个月就可渡

甘英像

过,逆风则要3年。对海上航行情况了解不多的甘英相信了那人的夸张的说法,最终没能到达大秦。

甘英这次出使增进了中国人当时对中亚各国的了解。学贯中西的国学大师、《人间词话》的作者王国维先生,据说曾在一把扇子上题下了这样一首诗:"西域纵横尽百城,张陈远略逊甘英。千秋壮观君知否?黑海西头望大秦。"这首豪迈而雄伟的诗,咏的就是班超遣甘英使大秦而未果之事。

1. 出使大秦

汉和帝永元九年(97),甘英由西域被派遣出使大秦,止于条支。甘英的出使,与班超经营西域有着密切的联系。西汉初年,西域被匈奴征服,不仅阻断了汉朝与西域的贸易往来,还经常骚扰汉朝边境。为了联络大月氏夹击匈奴,解除匈奴对西汉的威胁,张骞先后两次奉汉武帝之命出使西域。

西汉末年,王莽专政,中原与西域的关系一度中断。东汉初,西域分裂为50余国,与汉朝关系一度紧张。东汉明帝时,派将军窦固率军西征,讨伐匈奴。为恢复与西域各国联系,窦固派班超率吏士36人出使西域。班超英勇善战,为东汉王朝在西域重建声威,鄯善、于阗、疏勒、姑墨、莎车、龟兹等西域诸国纷纷归附汉朝,连接西亚的丝绸之路得以畅通并再度兴盛起来。汉和帝永元三年(91)班超被任命为西域都护,恢复了汉朝对西域的统治。

在西域活动的30余年中,班超平定内乱,外御强敌,经营疏勒达15年之久,保证了丝绸之路的畅通。此时,匈奴分裂为南北两部,北匈奴在南匈奴和汉朝的联合打击下,西迁到黑海北岸。强悍的匈奴人的到来,引起了西亚和欧洲许多民族的人成群地向西迁徙。在经营西域的过程中,班超深知加强与西域各国交流的重要性。为进一步加强与西方国家的联系和交流,汉和帝永元九年(97),班超决定派遣副使甘英出使大秦。

2. 半途而废

永元九年(97),甘英使团浩浩荡荡地从龟兹出发,期间翻越了葱岭,日夜兼程西行,跋山涉水数千里,历经艰辛,经安息、条支诸国,终于抵达波斯湾头的幼发拉底河和底格里斯河入海处,准备渡海西行。

甘英使团来到处在安息治下的条支海滨时,遇到了一群安息西界人。正打算上船经海路远航的甘英使团人生地不熟,于是向他们打探由海路到大秦的情况。安息人对海上航行的艰难大肆渲染,夸大其词地说:"前方海域广阔,往来者如果逢顺风,要三个月方能通过。若风向不理想,也有延迟至二年之久的。因此,入海者都不得不携带三年口粮。海中情境,令人思乡怀土。船行艰险,多有因海难而死亡者。"他们极力想打消甘英使团的航海意愿,让他们不要冒险渡海。由于常年跋涉,艰辛异常,本打算渡过红海直到大秦去的甘英使团于是知难而止,没有继续西行,自条支而还。这里也成为汉代中国使者在丝绸之路上所到达的最西点。后来有人推测,安息人阻挠汉人西入大秦,是为了垄断丝绸贸易。安息国一向以汉丝及丝织品与罗马交易,不愿汉朝开辟直接通商的道路,于是向甘英备陈渡海的艰难,欺骗甘英。

甘英由此东归,向班超复命。由于他的保守,加上安息人的危言耸听,使团到了地中海东面的条支,却没有再进一步西进到达大秦,使中国与罗马帝国东西方两大文明的首次碰撞失之交臂,不能不说是一种遗憾。

3. 继往开来

虽然甘英没有完成出使大秦的使命，却尽心尽力地了解了沿途的地理风情，丰富了国人对中亚各国的认识，为以后中西交通的发展和经济文化的进一步交流奠定了良好的基础。东汉桓帝延熹九年（166），大秦安敦王朝的使臣来到东汉，这是欧洲同我国直接友好交往的开始，作为中西交往史上的一件大事被载入史册。

甘英出使大秦，以及之前张骞的"凿空"之行，对我国与中亚及欧洲等国关系的发展具有重大意义。这一时期，沿着欧亚内陆交通干线，自西向东，有四大帝国并列其间，即欧洲的罗马、西亚的安息、中亚的贵霜、东亚的汉朝。四大帝国在国势昌盛的时期积极向外扩张，如罗马帝国在图拉真时，把版图扩大到幼发拉底河上游一带；贵霜帝国曾把势力伸进塔里木盆地；汉朝则成功地打败匈奴，控制河西走廊，进驻天山南麓。张骞的"凿空"和甘英的远行，使东西方世界直接联系起来。他们的创举，是历史发展的必然，也使得四大古代文明古国有了直接的交流和相互的影响，文明的发展与交融更加频繁，再也不是相对孤立的了。

图拉真像

甘英作为历史上记载的最早到过伊拉克的中国使臣,也是中国第一位走得最远的使臣。他亲自勘探了丝绸之路的大半段路程,还了解到从条支南出波斯湾,绕阿拉伯半岛到罗马帝国的航线。他的出使使他成为一位让人崇敬的时代英雄。

甘英的出使,是东方走进西方的一次伟大尝试。而西方向东方的迈进,则要比甘英晚了半个世纪。公元150年,希腊地理学者马利努斯首次记载下了希腊的商人到过中国的事实。公元166年,大秦安敦王朝才第一次派使臣从海道来中国,并赠送了象牙等礼物给汉桓帝。这一史实,记载于《后汉书》里,这是我国同欧洲国家往来的最早记载。此后,公元280—289年,大秦使节再次抵达中国。

 **延伸阅读**

汉代华侨与东南亚华侨群体的形成

中国与东南亚各国交通始于汉代。在早期的中国与东南亚各国关系发展下,华人才有出国侨居的可能。

在东南亚各国中,越南和缅甸与我国边境相连,江河共贯,海陆交通之早,人民往来之众,自不待言。越南人与浙江会稽之"越"、温州之东瓯、福建之闽越、广东广西之南粤(越)人,同属越族,即中国古代"百越"之一。故越南人与中国人同种。越南之地,在夏商周三代称为交趾,秦称为象郡。汉武帝平南越,于公元前111年置9郡,其中3郡在今越南,即交趾(今河内一带,旧称北圻)、九真(今越南清化、义安、河静3省)、日南(今为越南中部,平定、富安等7省,旧称中圻)3郡。

缅甸是和我国山水相连的邻邦,两国人民越境往来很早,公元前1世纪左右就有文献记载。据《史记》卷一一六《西南夷列传》说:"元狩元年(前122)博望侯张骞使大夏(中亚阿姆河流域,今阿富汗北部)来,言居大夏时见蜀布、邛竹杖。使问所从来,曰:'从东南身毒国(印度),可数千里,得蜀贾人市。'或闻邛西(今四川西晋地区以西)可二千里有身毒国。"可见在公元

缅甸

前1世纪左右，四川的商品已经通过云南入缅甸，再由缅甸输入印度及中亚了。同时从海道亦可由中国南部行船达缅甸，并沿途访问一些东南亚国家。《汉书·地理志》记载：

> 自日南障塞、徐闻、合浦船行可五月，有都元国。又船行可四月，有邑卢没国。又船行可二十余日，有谌离国。步行可十余日，有夫甘都卢国。自夫甘都卢国船行可二月余，有黄支国，民俗略与珠崖相类，其州广大，户口多，多异物，自武帝以来皆献见。有译长，属黄门，与应募者俱入海市明珠、璧流离、奇石异物，赍黄金杂

缯而往，所至国皆禀食为耦，蛮夷贾船，转送致之。亦利交易，剽杀人，又苦逢风波溺死，不者数年来还，大珠至围二寸以下。平帝元始中，王莽辅政，欲耀威德，厚遗黄支王，令遣使献生犀牛。自黄支船行可八月，到皮宗，船行可二月到日南、象林界云。黄支之（南）有已程不国，汉之译使自此还矣。

根据上文，船由日南边塞、徐闻、合浦出发，日南郡即秦代的象郡，徐闻、合浦都属合浦郡，在今雷州半岛。三者都是南中国的海口，从任何一个港口出发，都可以到达黄支，再南到已程不国就回航了。航行所到的地方有都元国、邑卢没国、谌离国、夫甘都卢国、黄支国、已程不国、皮宗等。这些地名，前不见于古书，后亦无人引用，学者考证，言人人殊，迄今尚无定论。不过黄支一名，多数学者都承认是印度的建志补罗，它是达罗毗荼人的国都，在马德拉斯西南43英里，此地在古代仅称为建支。黄支在南印度海面，与锡兰岛遥遥相对，所以学者苏继顾考证已程不国为狮子国，即锡兰岛。

南船既然从南中国海港出发到印度，而且尽可能沿着海岸线而行，则沿途必须经过东南亚一些国家。根据考证，都元国就是越南的沱瀼。邑卢没国可能是暹罗湾最大入口处的叻丕。谌离国就是缅甸的顿逊。

夫甘都卢国是缅甸的卑谬和连着卑谬的一个面临着锡当河的繁盛地方的合称。上述东南亚地名的考证是否符合实际，还有待当代学者的论定，但商船由南中国远航印度，必然路经东南亚一些国家，也必须沿途在一些东南亚国家停泊，以便采购粮食、补充用水和交换商品，甚至要另换船舶。

必须指出，汉代商船航行于南海及印度洋，停泊的国家和地区决不限于《汉书》所载，马来西亚和印尼也应作为访问和贸易的地点。荷兰考古学家德·弗玲斯研究印尼出土的中国陶瓷器得出结论，认为远在2000年前中国人就已漂洋过海踏上印尼国土，有的可能在万丹定居下来了。如果确实如此，则汉代在印尼已有定居的华侨了。当然漂洋渡海到东南亚的人，以贸易图利为目的，但并不排除在特殊情况下他们有极少数人有留而不归的可能性。

丝路上的和平使者——王昭君

王昭君（约前52—约前15），原名王嫱，字昭君，汉元帝时期的"和亲"宫女，与貂蝉、西施、杨玉环并称中国古代"四大美女"。竟宁元年（前33）正月，匈奴首领呼韩邪单于，为了匈奴的统一，审时度势，与汉朝交好，第三次来汉朝贡时自请为婿，王昭君奉命嫁与其为妻。后呼韩邪单于去世，她依游牧民族当时的继婚制，复嫁呼韩邪单于长子复株累单于。王昭君去世后，葬于呼和浩特市南郊,其墓被称之为"青冢"。到了晋朝，为避晋太祖司马昭的讳，改称明君，史称"明妃"。

1. 主动请求出塞

昭君出塞与西汉的大形势有很大关系。秦汉时期，北部的匈奴是中原的最大威胁。汉高祖七年（前200）的白登之围（刘邦率军出击匈奴，在今山西大同东北的白登山被围）影响了汉朝将士的士气，使得汉军在与匈奴的交战

王昭君像

中处于劣势。这时，有个谋士刘敬向刘邦献策，认为用"和亲"的方法解决这个问题是为上策。刘邦一听，高兴地接受了这个建议。但是，吕后死活不愿意自己的女儿嫁去那么远的地方，无奈之下就派宗室女冒充公主去了。同时，汉朝还开放"关市"（设在边关的交易场所），促进双方人民的商业贸易和文化交流。

汉朝统治者一直都在执行这个战略，一直到汉武帝初年。汉武帝时期，国力已经十分强盛，国策由"和亲"改为打击。到公元前71年，汉朝与乌孙联合击败匈奴，再加上匈奴起了内讧，呼韩邪单于归附了汉朝。

竟宁元年（前33）正月，呼韩邪单于以汉朝女婿的身份第三次入觐汉朝，这时候美丽的昭君就出现在了历史舞台上。

王昭君是中国历史上有名的美女，有着倾国倾城的容貌。汉元帝时期，她被选入掖庭，也就是皇帝后宫嫔妃居住的地方。

据说，当年汉元帝选妃是先看画像的。后宫佳丽三千，皇帝政事繁忙，不可能一一过目，内管就让宫廷画师毛延寿将宫女的肖像画下来供汉元帝挑选。画师毛延寿十分贪婪，常常是看钱下笔，因为昭君不肯贿赂宫廷画师毛延寿，毛延寿就把昭君画得很丑，于是昭君就没有机会见到汉元帝。寂寞的宫廷生活让昭君过得很不快乐，但是聪慧的她格外关注时局。她有幸浏览了从匈奴缴获来的书籍，对匈奴有了一定的了解。当听说汉朝要和匈奴"和亲"的消息，便主动提出到匈奴"和亲"。

昭君是一个有民族大义的女子，明明知道"和亲"要远离家乡，边关塞外，大漠苦寒，但她为了国家，仍然选择了去承受这种痛苦，也许昭君心中也有像张骞一样建功立业之志，所以她才选择了远赴塞外。

被恩准后，昭君出塞的那一天很快就到来了。昭君精心打扮了一番，"丰容靓饰，光明汉宫"，把汉元帝惊呆了。汉元帝很是后悔，但是又不能失信于匈奴，只好任昭君去边塞"和亲"了。而呼韩邪单于看到昭君如此美丽聪慧,心中十分欢喜,不但亲自护送,还给昭君封号为"宁胡阏氏"。

2. 前往匈奴

从此,昭君便踏上了出塞的路——草原丝绸之路。这条路在秦汉之前就已经有了,是很重要的交通要道,不仅连接中原与草原、农耕经济与游牧经济,还西连至黑海、地中海沿岸地区,北达蒙古高原和黑龙江沿岸地区。昭君走的这条路就是草原丝绸之路的主干道路,即秦始皇时期开辟的"秦直道"。

关于昭君是怎么去的,后人有诸多说法。有人说是乘车去的,把她的出塞形容为"明妃初嫁与胡儿,毡车百辆皆胡姬"(宋·王安石:《明妃曲》);也有人记载"昭君拂玉鞍,上马啼红颊"(唐·李白:《王昭君二首》),说她是头戴"昭君套"(红暖兜),身披红斗篷,手抱琵琶,骑着白马过草原;还有人说她是骑着骆驼去的。这些说法都有道理,因为这条长长的丝绸之路经过的地貌可不只一种。从长安到洛河、渭河、黄河三河交汇之地,素有"三秦通衢"之称的商业重镇——冯(音同平)翔(现陕西大荔县),一路上是中原的山河美景;从冯翔折而往西北方向,经过北地

（现甘肃省庆阳市）、上郡（现陕西省榆林市），跨过长城，到达农耕与游牧的交汇处——西河（现内蒙古东胜市），尽是草原美景；而西河再向西北，经过朔方郡（现内蒙古杭锦旗），最终到达汉朝与匈奴的交界地带——五原（现内蒙古包头市），就变成了漫天的黄沙和荒漠了。因此，在古代交通工具有限的条件下，昭君很可能乘坐了多种交通工具。

昭君历经千辛万苦终于到达匈奴境内。但是，她的幸福生活仅仅过了两年，生下一子，呼韩邪单于就去世了。但是，按照匈奴当地的风俗，她要嫁给继单于位的呼韩邪单于之子复株累单于，但是这又有悖于她从小接受的伦理纲常教育，所以昭君向汉廷上书求归，汉成帝敕令"从胡俗"，无奈之下，为了自己和孩子的未来，还有两国的和平，她又嫁给了复株累单于。

昭君出塞"和亲"，后又随胡俗改嫁，稳固了汉匈双方的友好关系，经济往来也更频繁。20世纪50年代在包头出土的西汉后期的汉墓里，就有"单于和亲""千秋万岁""长乐未央"等陶片瓦当，这些具有重要意义的汉字瓦当是当时房屋的装饰用品，也可见当时汉匈双方对于"和亲"的重视。

3.草原和平使者

不仅昭君是"和亲"的"和平大使",她的后代对维护汉匈双方和平也做出了重要贡献。昭君一共有三个孩子,一男两女。与呼韩邪单于所生之子后为右日逐王;与复株累单于所生两女,大女儿嫁给了右骨都侯须卜当,称为须卜居次(居次在匈奴语中为"公主"的意思);小女儿嫁给了当于氏,故称当于居次。

王莽执政年间,由于其对匈奴采取错误的敌对政策,双方原有的友好信任关系荡然无存。在汉匈关系紧张时期,昭君的女儿须卜居次和女婿须卜(当时匈奴执政大臣)秉承王昭君的生平之志,为挽回濒临破裂的汉匈关系努力奔走。公元14年(天凤元年),须卜派人到西河塞(现内蒙古准格尔旗)求见和亲侯王歙。王莽便派王歙与其弟王飒出使匈

呼韩邪单于和王昭君雕像

奴。次年，王莽又命王歙送还匈奴侍子。公元18年（天凤五年），刚即位的新单于派遣昭君的两个外孙到长安朝贡。从中可见，汉匈双方的关系一直是靠昭君和其亲属的努力来维系的。

　　昭君不仅在维护汉匈双方友好关系上有巨大贡献，在文化传播上也有重要贡献。"和亲"使匈奴人学会了计算，以统计其人口和牲畜；学会了筑城和凿井技术、农耕技术，甚至制造玉玺的技术。而昭君的丈夫——呼韩邪单于的归顺，是夏商周以来，中原地区第一次免受像匈奴这样实力雄厚的周边部族的袭扰，由此从政治上促进了塞北与中原的统一。这为草原丝绸之路的畅通，双方文化的交流融合创造了一个和平稳定的环境，是中华统一多民族国家形成的关键。

　　虽然昭君在历史上名垂千古，但她在历史上的真实记载却远不如后人的杜撰丰富，在今天内蒙古呼和浩特市南9千米处，有一座叫作昭君墓的土山，相传就是埋葬昭君的地方。据说每年9月塞外青草枯黄的时候，唯独昭君墓上草色青青，因此它又被称为"青冢"。许多文人为它写下诗句，如唐代杜甫曾有诗句写道："一去紫台连朔漠，独留青冢向黄昏。"新中国成立后，时任国家副主席董必武在参观完昭君墓后留下了这样的诗句："昭君自有千秋在，胡汉和亲识见高。词客各抒胸臆懑，舞文弄墨总徒劳。"

据说，现在的内蒙古各地有十多处昭君墓，在全国就更多了。其实，关于昭君墓的真实性已经不重要了，因为昭君的和平使者的形象和动人的故事早已被后人铭记。

延伸阅读

汉代与东南亚各国的交流

公元前7世纪前后，居住在云南高原上的濮、僚等部落汲取中原与蜀中地区先进的青铜铸造工艺，在过去的陶釜与铜釜的基础上开始制作作为乐器的青铜铜鼓。战国秦汉时期铜鼓制作迅速发展，铜鼓纹饰多姿多彩，既有形象的画面，又有抽象的几何图案，其中以太阳纹、云雷纹、水波纹、山形纹、舞纹、船纹最为普遍，铜鼓形制也出现了万家坝、石寨山、冷水冲、遵义、麻江、北流、灵山、西盟8个类型。铜鼓不仅在国内扩大到东南的"百越"地区，西南的川黔，而且还传布海外。在东南亚、南亚与西南太平洋地区形成了一条铜鼓文化的传播带。

考古发掘证明，源于云南高原的铜鼓，发展为型制较为稳定的晋宁石寨山型以后,分北、东、南三路逐渐外传,其中以东、南二路最为重要。东路沿南北盘江入红水河(古牂牁河),直下广东入海;或经句町、夜郎地区,向东推至广东的云浮和阳江,东南达海南岛,南传越南等地。

云南铜鼓

南路自云南往南,沿元江(红河)穿过越南北路入海。铜鼓南经具有青铜文化基础的红河三角洲,在雒越人手中获得较为充分的发展,出现了东山铜鼓。这一地区又成为中国铜鼓外传的重要枢纽。铜鼓文化又由此传播至柬埔寨、马来西亚、印度尼西亚的苏门答腊、甘尼安、土瓦等岛,以及新几内亚的奎岛等地。

铜鼓外传的路径与这一地区季风洋流的活动规律一致。东南亚与中国南海介于太平洋与印度洋两洋季风的交替区,冬十一二月间多行北风,夏五六月间多为南风,而南中国海与爪哇海底,又有完整的南北分流的河道系统,因此在这一水域就形成了单纯的季节性季风洋流，为这一地区的人们的海上交往提供了便利，使中国铜鼓文化有可能远播海外。西汉武帝时代由官方船只开辟的南海航线，大致与铜鼓文化流传的走向相似，也是利用了这一地区的季风洋流条件。

越南地区与中国很早就产生了经济文化的交流与联系，秦汉时期进一步加强。秦统一过程中，就与越南北部的雒越人有了直接接触；秦汉之际，秦派往南海的地方官赵佗建南越国，把处于部落联盟阶段的雒越人分为交趾、九真两郡；汉武帝时，又分其地为交趾、九真、日南三郡，并分别委派太守，东汉时期，一仍其旧。这样，中国的先进技术与文化源源不断地传入这一地区。南越政权阶段，就有不少铁器与牲畜传到越南，后汉任延为九真太守时，又传入牛耕，并令"铸作田器，教之垦辟田畴，岁岁开广，百姓充给"《后汉书·循吏列传》，促进了越南北部的进一步发展。不过，东汉王朝在这一地区的统治，与新兴的雒将等剥削者及当地人民存在着种种矛盾。公元40年，雒将诗索被交趾太守所杀，其妻征侧与妻妹征贰发动了"二征起义"，并自立为王，东汉政权派马援平息了这场事件后，一方面强化统治机构，另一方面又利用雒越的习惯法，对雒将也较为礼遇，并且继续兴修水利，穿渠灌溉，这在客观上促进了越南北部地区与中国的经济文化交流。此外，越南南部以及柬埔寨等地区也不同程度地受到了中国经济文化的影响。

马来半岛与印尼列岛在秦汉时期尚处在原始社会阶段，但当地居民已直接或间接地与中国居民发生了交往与联系。马来半岛上就发现有公元前3世纪以来的中国青铜器，有些学者还认为汉武帝的南海航线上中国船队的重要抛泊港皮宗，就是马六甲海峡中的"毗宋屿"，位于今新加坡西南。今新加坡国家博物馆内还陈列有一件典型的"汉代罐鼓"，这对中国与马来西亚半岛的交往具有重要的意义。

印尼列岛居民也是在公元前3世纪以来与中国有了较多的联系，在爪哇等地发现过许多汉代的中国陶器，中国青铜工具与铁工具技术也相继传入这一地区。印尼史学家卡连弗尔斯曾指出："公元前数世纪，制造青铜工具的技术，从中国南部（尤其是云南）和印度支那传入印度尼西亚。"另一位印尼史学家维明也指出："铁器加工技术从中国南部经过越南东京而传入印度尼西亚。"印尼列岛中的爪哇等岛屿，西汉以来一直是中国南海航线中官商船只的重要抛泊地。

汉代与日本列岛的交往

徐福东渡的记载最早见于《史记》一书，《史记》卷六《秦始皇本纪》记道："齐人徐福等上书言海中有三神山，各曰蓬莱、方丈、瀛州，仙人居之，请得斋戒，与童男女求之。于是遣徐福发童男女数千人，入海求仙人。"《汉书·伍被传》则言：秦始皇使徐福"率男女三千人，五种百工而行，徐福得平原大泽，止王不来"。但徐福东渡的终止地则史焉不详。唐宋以后，中日双方多认为徐福是抵达了日本，现在日本的和歌山县就保存有徐福之墓，还有固定的祭祀。近代以来，又有不少学者对此提出疑问。不过，不论徐福当年是否东渡日本，秦汉时期确有大量中国居民迁居日本。日本人类考古学中将这一部分人称为"归化人。"根据日本发现的上古金属器具遗物，考古学者们推断，从公元前3世纪起，日本已有汉族归化人。大正年间（1911—1923），日本西南海岸出土了大量的铜铎、铜剑等，与中国大陆及朝鲜出土的极为相似，有的甚至完全一致，这是公元前3世纪至前1世纪时的器物，其制作者多是大陆归化人。1958年，日本九州岛东南的种子岛出土了一批陪葬物，其中一些装饰物上写有汉隶或刻有汉代爬虫纹样的图案，由此可以推言，从战国后期至汉代，一定有不少的中国人向日本列岛移民，成为当地的归化人。对于汉族归化人的活动，日本记载颇多。日本第一部史书《日本书记》记道："应神天皇十四年（公元2世纪左右）融通王弓月君率秦人来归"，"应神天皇二十年，又有倭奴直祖阿知使主，其子都加使主并率己之党类十七县而来归焉"。9世纪成书的《姓氏录》甚至著录弓月君为秦始皇五世孙,阿知使主为汉灵帝三世孙,等等。这皆可与地下出土文物相印证。大量的大陆居民移居日本,为当时的日本社会带去了先进的生产技术与劳动工具,其中尤以丝织技术的传入最为突出,并且,归化人的大量涌入也对日本国家的形成与建立产生了较大影响。

西汉时期,即有了比较可靠的与日本交往的记载。《汉书·地理志》记道:"乐浪海中有倭人,分为百余国,以岁时来献见。"两国始通时间当在武帝设置乐浪四郡后,故《后汉书·东夷传》称:"自武帝灭朝鲜,使驿通于汉者三十余国。"武帝以后,汉王朝继续与日本诸国(诸部落)保持着友好关系。王莽时代,中国货币已较多地流入日本。丝岛小富士村海边遗址中就出土有王莽时代的货泉等物。东汉建立不久,日本的倭奴国于建武中元二年(57)"奉贡朝贺……光武赐以印绶。"(同上)此印1784年在志贺岛出土,印文为"汉倭奴国王"。至永初元年(107),"倭奴王师升等献生口百六十人"。这也是日本居民较早流入大陆的记载。桓灵(桓帝与灵帝)之际,日本列岛战乱频仍,邪马台国兴起,东汉与之关系暂时中断。

远嫁匈奴的乱世才女——蔡文姬

蔡琰,字文姬,大文学家蔡邕之女,汉代陈留郡圉县(今河南开封杞县)人,汉末三国时期的才女,一生三嫁。蔡琰初嫁河东卫仲道,后因丈夫早逝,又无子嗣,便复回自己家。后来因为匈奴入侵,蔡琰被匈奴掳走,在北方生活了20多年,在匈奴育有两个儿子。建安十二年(207),曹操统一北方后将蔡琰赎回,将其嫁给了董祀。蔡文姬是一代才女,擅文学、通诗词、善音律,可惜佳人薄命,一生悲苦。著有《蔡文姬集》。

1. 一生三嫁

蔡文姬是当时名人蔡邕之女。蔡邕是东汉时期著名的大文学家、大书法家，梁武帝曾称赞他："蔡邕书，骨气洞达，爽爽如有神力。"（《南史·梁武帝纪》）

蔡文姬像

现当代史学家范文澜讲："两汉写字艺术，到蔡邕写石经达到最高境界。"蔡文姬从小受父亲的影响，耳濡目染，博学多知，能文善赋，通晓音律。可以说，蔡文姬有一个幸福的童年，但是后来的时局打断了这种幸福。

蔡文姬第一次嫁给了出色的士子卫仲道，可惜不到一年，卫仲道便因咯血而死。两人无子嗣，蔡文姬遭婆家人嫌弃"克夫"，心高气傲的蔡文姬不顾父亲反对，愤而回家。

董卓死后不久，天下大乱，军阀争霸，董卓部将李傕等人又攻占长安，自此军阀混战的局面形成。羌胡番兵便趁机在中原一带胡作非为，在"中土人脆弱、来兵皆胡羌，纵猎围城邑，所向悉破亡。马边悬男头，马后载妇女，长驱入朔漠，回路险且阻"的状况下，蔡文姬同其他被掳的女子一同被带到南匈奴。

在南匈奴的生活是凄凉的，以被掳掠的身份远适异域，受尽番兵的凌辱和鞭笞，23岁的她茫茫未来未可知，这一待就是12年。

蔡文姬嫁给了虎背熊腰的匈奴左贤王，生下两个儿子。在此地，她还学会了吹奏"胡笳"和一些异族语言。

在这12年，曹操已基本平定北方，将汉献帝从长安接到许昌，后又迁至洛阳居住。此时曹操已经官至丞相，拥有无限权利。在曹操志得意满时，想起了过去种种，想起了自己少年的老师蔡邕对他的教导。当他得知老师的女儿在南匈奴受苦时，立即派使者携带财物将她赎了回来。

在异域的生活是痛苦的，但是现在要离开生活了12年的地方，离开朝夕相对对自己疼爱有加的丈夫和天真可爱的儿子，不知道是喜还是忧，忍不住痛哭一场，泪如雨下。但她终究是坐上马车选择回到自己的家乡，12年的生活，点点滴滴历历在目，从而留下了动人心魄的《胡笳十八拍》。

蔡文姬虽然走了，但她的《胡笳十八拍》成为经典曲调。中原人士也曾用胡琴和筝来演绎《胡笳十八拍》，非常盛行，据传中原的这种风尚还是从她最后一个丈夫董祀开始的。

唐朝人李颀在《听董大弹胡笳声兼寄语弄房给事》的诗中发出这样的感慨：

蔡女昔造胡笳声，一弹一十有八拍；
胡人落泪沾边草，汉使断肠对归客。

蔡文姬在使者的护卫下终于回到了自己的故乡陈留郡，但家乡已不是当年模样，到处是断壁残垣。在曹操的安排下，此时35岁的她嫁给了屯田都尉董祀。

命运似乎总爱跟她开玩笑。就在她婚后第二年，丈夫又犯了死罪，于是蔡文姬不顾嫌隙，来曹操的丞相府为夫求情。

此时，曹操正在宴请宾客，公卿大夫、各路驿使都在，听说蔡文姬求见，便对在座的各位说："蔡伯喈之女在外，诸君谅皆风闻她的才名，今为诸君见之！"

蔡文姬被带到宴请宾客的厅堂，跪下来，语意哀酸地讲清来由，宾客也都为其诧叹，曹操有些动容，但是文书已下，为时晚矣。听说文书已经下达，蔡文姬进一步请求："明公厩马万匹，虎士成林，何惜疾足一骑，而不济垂死一命乎？"说完又是一拜。曹操想到蔡邕的交情，又觉得蔡文姬身世确实可怜，若是将董祀处死，她恐难自存，于是立刻派人快马加鞭将文书追回，并宽宥其罪（参见《后汉书·列女传·蔡琰传》）。

蔡文姬自从从北漠回来嫁于董祀，起初的婚姻生活并不和谐。就蔡文姬而言，饱经离乱，又思念自己的两个儿子，时常精神恍惚。董祀正值年华，又仪表堂堂，通书史，懂音律，自然有些恃才傲物，多少对蔡文姬有些不满，但碍于丞相的授意，只好接纳了她。董祀犯死罪，何尝不是因为不如意的婚姻导致的结果呢？蔡文姬当然明白其中的道理，于是拼尽全力为丈夫开脱，使董祀抱保住了一条命。

自此，董祀感念妻子的恩德，完全转变了对妻子的态度，开始重新看待蔡文姬，夫妻二人看透了世事，乘舟而上，在风景秀丽的山麓居住下来。多年后，曹操打猎途经此地，还前去探视。

文姬一生三嫁，命运坎坷，丁廙在《蔡伯喈女赋》中描述了她的婚姻：

> 伊大宗之令女，禀神惠之自然；
> 在华年之二八，披邓林之曜鲜。
> 明六列之尚致，服女史之语言；
> 参过庭之明训，才朗悟而通云。
> 当三春之嘉月，时将归于所天；

曳丹罗之轻裳，戴金翠之华钿。
羡荣跟之所茂，哀寒霜之已繁；
岂偕老之可期，庶尽欢于余年。

2. 文姬归汉

据说，文姬是一个博学多识的才女，自小就有过人的音乐天赋。她6岁时隔着墙壁听父亲在大厅弹琴，当时就听出父亲将第一根弦弹断的声音。父亲惊讶，接着又故意拨断第四根弦，又被她指出。长大后，她的琴艺更是出众。她在异域日夜思念故乡，回汉后参考胡人声调，结合自己的经历，创作了令人断肠的琴曲《胡笳十八拍》。嫁董祀后，感伤乱离，作《悲愤诗》，是中国诗史上第一首自传体的五言长篇叙事诗。

曹操自从赤壁一战后，经过几年的整顿，重振军威，自封为魏公。在北方，他的声望很高，

曹操像

连南匈奴的单于也前来拜贺，曹操也像招待贵宾一样招待他。

当年关中地区发生李傕、郭汜的混战，长安百姓到处逃难，蔡文姬碰上了匈奴兵，被匈奴抢走，因其年轻貌美就被献给了匈奴的左贤王。

左贤王对她疼爱有加，她在匈奴生活了12年，还生下了两个儿子，但还是十分想念故国。

南匈奴跟汉朝和好，曹操因感念老师蔡邕的恩情，派人将蔡文姬从匈奴接了回来。

无奈之下，左贤王只好将自己心爱的妻子蔡文姬放走。听到可以回家的消息，蔡文姬悲喜交加，她既想回到日夜想念的故国，又舍不得自己在匈奴的两个儿子。在这种复杂的心情下，她创作了著名的《胡笳十八拍》。

曹操见到蔡文姬，便向她打听其父亲书籍文稿是否还有保存。蔡文姬说其父亲留下来的4000多卷书稿因为战争已经全都丢失了，但是她可以凭记忆背出400多篇。

后来，蔡文姬果然把她记住的几百篇文章都默写下来，送给曹操。曹操看了，十分满意。曹操把蔡文姬接回来，在为保存古代文化方面做了一件好事。历史上把"文姬归汉"传为美谈。

蔡文姬传世的作品《胡笳十八拍》，抒发了她悲惨的人生遭遇。还写有《悲愤诗》,其《悲愤诗》(一)被称为我国诗史上文人创作的第一首自传体的五言长篇叙事诗。"真情穷切,自然成文",激昂酸楚,在建安诗歌中别具风格(参见胡文军编著:《中华上下五千年》,中国华侨出版社1988年版)。

先看《胡笳十八拍》:

【第一拍】我生之初尚无为,我生之后汉祚衰。天不仁兮降乱离,地不仁兮使我逢此时。干戈日寻兮道路危,民卒流亡兮共哀悲。烟尘蔽野兮胡虏盛,志意乖兮节义亏。对殊俗兮非我宜,遭恶辱兮当告谁。笳一会兮琴一拍,心溃死兮无人知。

【第二拍】戎羯逼我兮为室家,将我行兮向天涯。云山万重兮归路遐,疾风千里兮扬尘沙。人多暴猛兮如虺蛇,控弦被甲兮为骄奢。两拍张悬兮弦欲绝,志摧心折兮自悲嗟。

【第三拍】越汉国兮入胡城,亡家失身兮不如无生。毡裘为裳兮骨肉震惊,羯膻为味兮枉遏我情。鞞鼓喧兮从夜达明,风浩浩兮暗塞昏营。伤今感昔兮三拍成,衔悲畜恨兮何时平!

【第四拍】无日无夜兮不思我乡土,禀气含生兮莫过我最苦。天灾国乱兮人无主,唯我薄命兮没戎虏。俗殊心异兮身难处,嗜欲不同兮谁可与语。寻思涉历兮多难阻，四拍成兮益凄楚。

【第五拍】雁南征兮欲寄边心，雁北归兮为得汉音。雁飞高兮邈难寻，空肠断兮思愔愔。攒眉向月兮抚雅琴，五拍泠泠兮意弥深。

【第六拍】冰霜凛凛兮身苦寒，饥对肉酪兮不能餐。夜闻陇水兮声呜咽，朝见长城兮路杳漫。追思往日兮行李难，六拍悲来兮欲罢弹。

【第七拍】日暮风悲兮边声四起，不知愁心兮说向谁是。原野萧条兮烽戍万里，俗贱老弱兮少壮为美。逐有水草兮安家葺垒，牛羊满地兮聚如蜂蚁。草尽水竭兮羊马皆徙，七拍流恨兮恶居於此。

【第八拍】为天有眼兮何不见我独漂流，为神有灵兮何事处我天南海北头。我不负天兮天何配我殊匹，我不负神兮神何殛我越荒州。制兹八拍兮拟排忧，何知曲成兮转悲愁。

【第九拍】天无涯兮地无边，我心愁兮亦复然。人生倏忽兮如白驹之过隙，然不得欢乐兮当我之盛年。怨兮欲问天，天苍苍兮上无缘。举头仰望兮空云烟，九拍怀情兮谁为传。

【第十拍】城头烽火不曾灭，疆场征战何时歇。杀气朝朝冲塞门，胡风夜夜吹边月。故乡隔兮音尘绝，哭无声兮气将咽。一生辛苦兮缘别离，十拍悲深兮泪成血。

【第十一拍】我非贪生而恶死，不能捐身兮心有以。

生仍冀得兮归桑梓，死当埋骨兮长已矣。日居月诸兮在戎垒，胡人宠我兮有二子。鞠之育之兮不羞耻，愍之念之兮生长边鄙。十有一拍兮因兹起，哀响兮彻心髓。

【第十二拍】东风应律兮暖气多，汉家天子兮布阳和。羌胡踏舞兮共讴歌，两国交欢兮罢兵戈。忽逢汉使兮称近诏，遣千金兮赎妾身。喜得生还兮逢圣君，嗟别二子兮会无因。十有二拍兮哀乐均，去住两情兮谁具陈。

【第十三拍】不谓残生兮却得旋归，抚抱胡儿兮泣下沾衣。汉使迎我兮四牡騑騑，胡儿号兮谁得知。与我生死兮逢此时，愁为子兮日无光辉。焉得羽翼兮将汝归，一步一远兮足难移。魂消影绝兮恩爱遗。十有三拍兮弦急调悲，肝肠搅刺兮人莫我知。

【第十四拍】身归国兮儿莫知随，心悬悬兮长如饥。四时万物兮有盛衰，唯有愁苦兮不暂移。山高地阔兮见汝无期，更深夜阑兮梦汝来斯。梦中执手兮一喜一悲，觉得痛吾心兮无休歇时。十有四拍兮涕泪交垂，河水东流兮心是思。

【第十五拍】十五拍兮节调促，气填胸兮谁识曲。处穹庐兮偶殊俗，愿归来兮天从欲。再还汉国兮欢心，心有忆兮愁转深。日月无私兮曾不照临，子母分离兮意难任。同天隔越兮如商参，生死不相知兮何处寻。

【第十六拍】十六拍兮思茫茫，我与儿兮各一方。日东月西兮徒相望，不得相随兮空断肠。对萱草兮徒想忧忘,弹鸣琴兮情何伤。今别子兮归故乡,旧怨平兮新怨长。泣血仰头兮诉苍苍,生我兮独罹此殃。

【第十七拍】十七拍兮心鼻酸,关山阻修兮行路难。去时怀土兮枯枯叶干,沙场白骨兮刀痕箭瘢。风霜凛凛兮春夏寒,人马饥虺兮骨肉单。岂知重得兮入长安,欢息欲绝兮泪阑干。

【第十八拍】胡笳本自出胡中,绿琴翻出音律同。十八拍兮曲虽终,响有馀兮思未穷。是知丝竹微妙兮均造化之功。哀乐各随人心兮有变则通,胡与汉兮异域殊风。天与地隔兮子西母东,苦我怨气兮浩於长空。六合离兮受之应不容。

以下为蔡文姬《悲愤诗》全文:

《悲愤诗》(一)

汉季失权柄,董卓乱天常。志欲图篡弑,先害诸贤良。
逼迫迁旧邦,拥主以自强。海内兴义师,欲共讨不祥。
卓众来东下,金甲耀日光。平土人脆弱,来兵皆胡羌。
猎野围城邑,所向悉破亡。斩截无孑遗,尸骸相撑拒。
马边悬男头,马后载妇女。长驱西入关,迥路险且阻。
还顾邈冥冥,肝脾为烂腐。所略有万计,不得令屯聚。
或有骨肉俱,欲言不敢语。失意几微间,辄言弊降虏。
要当以亭刃,我曹不活汝。岂敢惜性命,不堪其詈骂。

或便加棰杖,毒痛参并下。旦则号泣行,夜则悲吟坐。
欲死不能得,欲生无一可。彼苍者何辜,乃遭此厄祸。
边荒与华异,人俗少义理。处所多霜雪,胡风春夏起。
翩翩吹我衣,肃肃入我耳。感时念父母,哀叹无穷已。
有客从外来,闻之常欢喜。迎问其消息,辄复非乡里。
邂逅徼时愿,骨肉来迎己。己得自解免,当复弃儿子。
天属缀人心,念别无会期。存亡永乖隔,不忍与之辞。
儿前抱我颈,问母欲何之。人言母当去,岂复有还时。
阿母常仁恻,今何更不慈。我尚未成人,奈何不顾思。
见此崩五内,恍惚生狂痴。号泣手抚摩,当发复回疑。
兼有同时辈,相送告离别。慕我独得归,哀叫声摧裂。
马为立踟蹰,车为不转辙。观者皆嘘唏,行路亦呜咽。
去去割情恋,遄征日遐迈。悠悠三千里,何时复交会。
念我出腹子,胸臆为摧败。既至家人尽,又复无中外。
城廓为山林,庭宇生荆艾。白骨不知谁,纵横莫覆盖。
出门无人声,豺狼号且吠。茕茕对孤景,怛咤糜肝肺。
登高远眺望,魂神忽飞逝。奄若寿命尽,旁人相宽大。
为复强视息,虽生何聊赖。托命于新人,竭心自勖励。
流离成鄙贱,常恐复捐废。人生几何时,怀忧终年岁。

《悲愤诗》(二)

嗟薄祜兮遭世患。宗族殄兮门户单。
身执略兮入西关。历险阻兮之羌蛮。

山谷眇兮路漫漫。眷东顾兮但悲叹。
冥当寝兮不能安。饥当食兮不能餐。
常流涕兮眦不干。薄志节兮念死难。
虽苟活兮无形颜。惟彼方兮远阳精。
阴气凝兮雪夏零。沙漠壅兮尘冥冥。
有草木兮春不荣。人似兽兮食臭腥。
言兜离兮状窈停。岁聿暮兮时迈征。
夜悠长兮禁门扃。不能寝兮起屏营。
登胡殿兮临广庭。玄云合兮翳月星。
北风厉兮肃泠泠。胡笳动兮边马鸣。
孤雁归兮声嘤嘤。乐人兴兮弹琴筝。
音相和兮悲且清。心吐思兮胸愤盈。
欲舒气兮恐彼惊。含哀咽兮涕沾颈。
家既迎兮当归宁。临长路兮捐所生。
儿呼母兮啼失声。我掩耳兮不忍听。
追持我兮走茕茕。顿复起兮毁颜形。
还顾之兮破人情。心怛绝兮死复生。

3.影响深远

"东京风格颓下,蔡文姬才气英英。读《胡笳吟》(即指《胡笳十八拍》),可令惊蓬坐振,沙砾自飞,直是激烈人怀抱。"这是明代人陆时雍在《诗镜总论》中对蔡文姬的评述。蔡文姬确实是一位博学多才的才女，可惜命运坎坷，婚姻不幸，令人叹息。蔡文姬擅长书法，其文笔宋刻《淳化阁帖》有收录。归汉后，蔡文姬秉承父亲遗志，撰写了《续后汉书》，为中国古代文化做出了卓越贡献。

《胡笳十八拍》是古乐府琴曲歌辞。而胡笳是一种管乐器，其音悲凉，在汉代的塞北和西域十分流行。"胡笳"又可称为"琴曲"。唐代诗人刘商解释了其中的原因："胡人思慕文姬，乃卷芦叶为吹笳，奏哀怨之音，后董生以琴写胡笳声为十八拍。"由此诗可知原为笳曲，后来经董生之手翻成了琴曲。

"十八拍"，乐曲指的就是18乐章，第一拍中所谓"笳

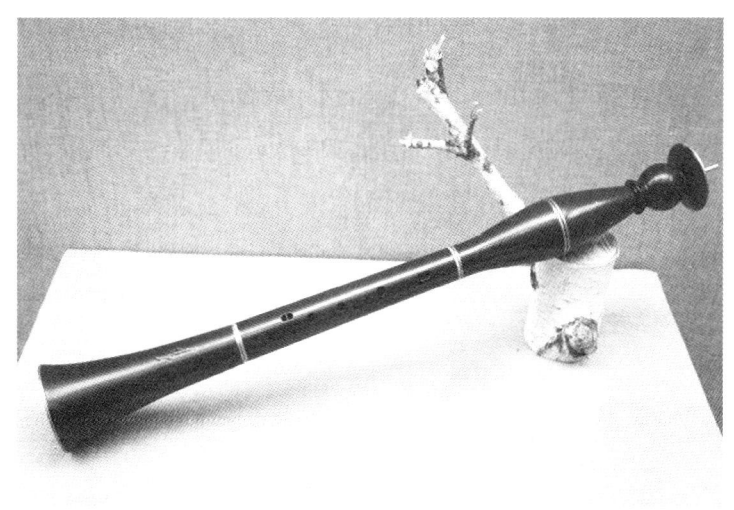

胡笳

一会分琴一拍",当是指胡笳吹到一个段落响起合奏声时,正好是琴曲的一个乐章。此诗的形式,兼有骚体与柏梁体的特征,但并不纯粹,或可称之为准骚体与准柏梁体。《胡笳十八拍》全篇的结构可大体分为开头、中腹、结尾三部分:第一拍为开头,总说时代动乱与个人所受的屈辱;中间起自被掳西去的第二拍,止于放还东归的第十七拍,历时12年,分为思乡与念儿两个时期;最后一拍为结尾,呼应篇首,结束全篇。

从历史的继承性来说,蔡文姬作为一个身处异国的弱女子,在被纳为妃子、生有二子、备受荣宠的情况下,矢志归国,这与西汉时苏武北海牧羊长达19年而不改民族气节的行为,表现虽然不一样,但其精神是一样的,是值得我们去弘扬的。

 **延伸阅读**

汉朝廷与中亚、西亚诸国的交往

大月氏人最初居住在中国西部的敦煌、祁连山一带。公元前2世纪初被匈奴击破,西迁至中亚阿姆河流域,民众40万,拥兵10万,并于元朔三年(前

126）统有了大夏国，迁都阿姆河南的兰氏城，成为中亚强国。在它攻灭大夏前二年，西汉使者张骞曾专程来访，但此后若干时期，大月氏与中国王朝来往不多。至公元前1世纪中叶，大月氏五翕侯之一的贵霜翕侯丘就却攻灭其他诸部，建立了强大的贵霜帝国，它与中国王朝的接触也日渐增多。建初三年（78），班超到西域不久，就与贵霜建立了正式联系。嗣后6年，班超攻疏勒半年不下，康居国又派出精兵援救疏勒，贵霜在班超的要求下，劝康居撤回了援兵。贵霜并提出要以重礼聘娶汉朝公主，但未能如愿。永元元年至次年（89—90），窦宪大败北匈奴，贵霜势力想乘机进入西域北部，取代匈奴的地位。永元二年（90）五月，贵霜副王谢亲率7万大军越葱岭进入西域，为班超所败。此后，贵霜势力不断南下，很快便据有了恒河流域。但对东汉王朝却是"岁奉贡献"，保持着友好关系。

大宛为中亚古国，约在费尔干纳盆地，都城贵山城，即今塔吉克斯坦的列宁纳巴德，是一个较发达的亦牧亦农国家，盛产稻、麦、葡萄酒，且多良马，以汗血马为著，所属城邑70余座，人口数十万，是中国通往西方的枢纽。张骞第一次出使西域时便到了大宛，沟通了两国关系，并且由大宛国王派专人引导使团至康居、大月氏诸国。张骞第二次出使西域时，遣副使访问了大宛，并与大宛使者一并返回汉朝。太初元年

（前104），汉武帝派专使到大宛，愿以千金和金马换取大宛的汗血马，被大宛拒绝。大宛又依附于匈奴，劫夺过路汉使财物，杀戮汉使，武帝任李广利为贰师将军，率军大举远征大宛。第一次出征，未至大宛，便被郁成国（大宛的小属国，中亚费尔干纳盆地内）击溃。太初四年（前101），李广利再次西征，围困大宛城40天，大宛被迫求和。汉朝取其良马数十匹，中马以下3000匹，又杀旧王，改立新王，并使其遣子弟至长安为质，与之结盟而还。这次远征虽然保障了中西陆路交通的畅通，但也给大宛和汉朝人民带来了深重的灾难。两汉之交，大宛一度被莎车所并，后复独立，仍与东汉有着比较频繁的往来。东汉后期，关系渐渐疏远。

康居，分布在锡尔河下游及其以北地区（今乌兹别克斯坦撒马尔罕一带），为古伊兰人建立的中亚国家，其国在大宛西北约1000千米，西汉时有户12万，人口60万，胜兵12万人，亦有人认为它就是古代花剌子模或花剌子模的一部分。张骞第一次出使西域时也到达了康居国。第二次出使西域时，遣副使抵康居，并与康居使者返回汉朝。此后，康居与西汉王朝建立了友好关系。东汉宣帝时代，匈奴郅支单于杀东汉使者，势力进入康居，康居王把女儿嫁给郅支单于。不久，郅支与康居王发生冲突，康居王女及诸贵人被杀，郅支控制了康居，并侵凌大宛、奄蔡等国，危及了西汉

楼兰古城遗址

对西域的统治。西汉元帝建昭三年（前36），西域副校尉陈汤矫诏发西域诸国兵4万伐郅支。在康居土著酋长的协助下，顺利地攻下郅支城，斩单于。从此，康居国又恢复了与汉王朝的友好关系，西域都护常遣使节至其国中。成帝时，康居王又遣子入侍。至东汉时期，康居仍与汉频频往来。班超在西域的军事活动就曾使用康居军队。后人在古楼兰遗址中发现了许多古宰利文木简，这种文字被认为是西元后起初几世纪流行于今撒马尔罕和布哈拉地方的古康居国一带的文字。这说明东汉王朝与康居国有着频繁的交往。

汉人称今天的伊朗一带为安息。秦汉时期，正是伊朗历史上的帕提亚时代,这一王朝的建立者阿萨息斯,被当时的中国人译为安息,故又径称其国为"安息国"。汉武帝时,安息国在密斯利得斯二世统治下,国势强盛,领有妫水之西,黑海之南的广大地区,是东西交往的枢纽。张骞第一次出使西域时,便对安息作了比较全面的了解。现已知道安息在大月氏西约500千米处,拥有大小数百城,地方数千里,北接康居,西连条支,东面乌弋山离,商贾车船行于邻国。元狩四年(前119),张骞第二次出使西域时,遣副使出使安息,安息王遣将率2万骑迎于东界,又发使随汉使节至汉,并赠大鸟卵(鸵鸟蛋)及黎轩眩人于汉。此后汉王朝与安息帝国建立了正式联系,安息国在汉王朝与西方世界交往中充当重要媒介。东汉王朝建立后,继续与安息国保持着友好关系。章帝元和元年(84)安息王佛罗格斯二世遣使到中国,并赠送狮子、符拔(独角兽)。和帝永元九年(97),甘英西使大秦时,即至安息西界而返。和帝永元十三年(101),安息王满又遣使至中国,并赠送狮子及条支大鸟(时称安息雀)。世传安息国太子安世清,曾长期居住中国(148年到中国),博通汉文与梵文,译出佛经39部,为中西文化交流做出了贡献。由于中国与安息的友好关系,通过安息的丝绸之路就格外兴盛,许多商人沿着这条路把罗马帝国的青铜器、玻璃器、酒、油,特别是黄金,从高卢(今西欧的法国、比利时、意大利北部、瑞士西部和德国莱茵河西岸一带）运到中亚、中国与印度，来换取丝绸、象牙、香料与宝石，促进了中西间经济交流。当时中国与安息只有陆上交通，海路尚未开通。

汉代与朝鲜半岛的交往

秦汉时期，朝鲜半岛正处在阶级社会形成与国家建立的阶段。朝鲜半岛北部由传说中的箕子后裔箕准称王，后被卫氏取代。公元前后，半岛东北部的咸镜北道居住着沃沮，东海岸的咸镜南道居住着当地人，半岛南部又有马韩、辰韩、弁韩三个部落联盟，它们都与当时的秦汉王朝有着密切的关系与交往。

自古以来，中国与朝鲜半岛地区间的人口迁徙就十分多见。至陈胜起义爆发后，"天下叛秦，燕、齐、赵民避地朝鲜数万口"（《史记·朝鲜列传》），朝鲜王箕准置之于西部，他们带去了先进的农业

汉代漆器

生产技术与铁器等生产工具。西汉初年，燕王卢绾叛汉入匈奴，燕人卫满率1000余人前往依箕准，箕准拜其为博士，封地百里。后卫满取而代之自立为王，都王险城（即今平壤），史称卫满朝鲜。卫满朝鲜时代与汉朝的人员往来更加频繁，中国人不断地徙往朝鲜。史称，卫满之孙右渠时，"所诱汉亡人滋多"（《史记·朝鲜列传》）。朝鲜居民亦不时有移徙中国地区者，武帝元朔元年（前128）秽君（汉代时朝鲜半岛上的古国秽国的国王）南闾就曾"率二十八万口诣辽东内属"（《后汉书·东夷传》）。两地间的人口交流直接促进了中朝人民的经济交流与联系。

　　卫氏朝鲜立国之初，与汉保持着密切的友好关系，汉惠帝与高后朝，辽东太守约卫满为外臣，并与之相约，使其"保塞外蛮夷，毋使盗边"（《史记·朝鲜列传》）。至武帝朝，值卫满孙右渠为王，武帝以其"未尝入见"，于公元前100年秋，遣楼船将军杨仆，左将军荀彘分两路进攻右渠，右渠率兵抵抗，汉军屡败，最后由于卫氏统治集团内部分裂，右渠为臣下所杀，卫氏朝鲜亡。武帝在其统治区内设置真番、临屯、乐浪、玄菟四郡，后渐以弛废。这一时期，中国王朝与卫满朝鲜的交往十分频繁，在故卫氏朝鲜范围内，多次出土西汉时期的铁器、铜器、漆器与丝织品，表明中国与朝鲜半岛密切的经济文化联系。

西汉时期，朝鲜半岛南部存在着辰韩、弁韩、马韩等部落联盟。至东汉时期，"三韩"开始向阶级社会过渡，并开始与汉王朝建立联系。马韩人此时已知道种田、养蚕、织布，住草室土屋，与汉人接触较多，受汉化影响较大，其丹支部酋长称辰王，名义上是"三韩"的大君长。辰韩又称秦韩，相传为秦朝人逃避徭役，逃亡到半岛东南部，与当地土著居民融合在一起。其经济文化水平较高，人民种五谷，养蚕，织缣布，能制造铁器。弁韩最小，经济、文化比较落后。东汉灵帝末年，诸韩渐盛，而东汉所制郡县之民，苦于战乱，多流亡入韩。在东汉王朝的强烈影响下，"三韩"没有向奴隶社会发展，而是模仿汉族的剥削方式和政治制度走上了封建化的道路。

东汉时期，朝鲜半岛东北部与东海岸的沃沮等当地人与东汉有着友好的往来关系。沃沮等当地人使节常至东汉朝廷，当地特产文豹、果下马及海斑鱼亦多由其使节携至，促进了双方的经济文化交流。

后　记

"一带一路"相关国家众多,代表性人物众多,为中外交好、民心相通作出杰出贡献的人士众多。因此,为"一带一路"璀璨群星立传,既使命光荣,又责任重大。在这项浩大工程的策划、组织、执行过程中,有许许多多的人士参加了有关传主的名单征集和审定,以及写作、翻译、审读、编辑、出版、筹资、联络等繁重而琐细的工作。所有参与的人员,以拳拳报国之心,尽深厚学养之力,克服了时间紧、任务重、要求高、压力大等诸多困难与挑战,最终圆满完成了任务。在本书付梓之际,丛书编委会特向参与本项目的全体同志致以崇高敬意和衷心感谢!

  同时特别需要鸣谢的是,提出策划并领导实施此项目的中国传记文学学会会长王丽博士,基于长期法律实务经验和担任"一带一路服务机制"主席职务的便利,她对相关国家和走出去的"一带一路建设者"和广大青少年的需求了解真切,提出应当为他们写一套介绍各国典型人物的简明易读的传记,为他们提供健康的精神食粮。她把这项"额外"的工作当成了事业,联袂商会筹集资金,苦口婆心招揽作者,精心挑选传主名录,夙夜青灯挥笔写作,近乎偏执逐字推敲,亲力亲为呕心沥血。面对如此浩大的出版项目和繁重的出版任务,中国出版集团华文出版社不但毅然承担了出版任务,而且集团和出版社的领导与中国传记文学学会的负责同志一起协商,寻求有关部门的支持和帮助,努力将该传系打造成高质量的精品好书。在此,我们特向项目牵头人和中国出版集团公司、华文出版社的相关领导和编辑致以崇高敬意和衷心感谢!

  尤其让我们感动的是,在项目执行过程中,一些富有家国情怀的民间商会和企业家的慷慨解囊,虽不足以支撑项目的全部费用,但是他们所表现出的热心和支持,让我们坚定了走下去的信心和决心。在此,我们要特别鸣谢为本书的创作出版做出捐赠支持的中国民营经济国际合作商会、亿阳集团股份有限公司、富通集团有限公司以及太平洋证券股份有限公司，并对你们的拳拳报国之心和慷慨无私帮助致以崇高敬意和衷心感谢！

  一项伟大的事业，离不开许多默默无闻的奉献者。在本传系的组织、编写、出版过程中，有历史、文学、科研、外交、教育、法律、翻译、出版等领域的数百位专业人士参与，恕不能在此处一一详列。需要特别提出的是，鞠思佳、徐帮学、景峰等同志为组织联络、搜集资料到处奔波而毫无怨言，唐得阳、唐岫敏、白明亮、谭笑等同志在编写、翻译、编辑、校对过程中的细致与负责让我们感动，赵实、胡占凡、高明光、吴尚之、刘尚军、李岩、王灵桂、李永全、陈小明、许正明、宋志军等同志睿智的指点和专业的帮助让我们避免了走许多弯路。在此，我们特向以上各位同志致以崇高敬意和衷心感谢！

  当然，由于我们水平所限，本丛书难免有某些不尽人意之处和瑕疵，敬请学界专家和各位读者不吝赐教，我们将在作品再版之时吸收完善。在此，我们也向各位读者提前表示崇高敬意和深深感谢！

《"一带一路"列国人物传系》编委会

2018年3月8日

汉武帝画像
Portrait of Emperor Wu

汉文帝画像
Portrait of Emperor Wen

终军画像
Portrait of Zhong Jun

张骞画像
Portrait of Zhang Qian

李广画像
Portrait of Li Guang

苏武画像
Portrait of Su Wu

班超画像
Portrait of Ban Chao

甘英画像
Portrait of Gan Ying

王昭君画像
Portrait of Wang Zhaojun

蔡文姬画像
Portrait of Cai Wenji